INTERNATIONAL SEMINAR ON POVERTY ERADICATION

"摆脱贫困与政党的责任"
国际理论研讨会实录

宋 涛 ◎ 主 编
郭业洲 ◎ 副主编

当代世界出版社
THE CONTEMPORARY WORLD PRESS

习近平向"摆脱贫困与政党的责任"
国际理论研讨会致贺信

新华社北京 10 月 12 日电 "摆脱贫困与政党的责任"国际理论研讨会 12 日在福建省福州市开幕。中共中央总书记、国家主席习近平向会议致贺信。

习近平表示,在中国国家扶贫日和国际消除贫困日即将到来之际,"摆脱贫困与政党的责任"国际理论研讨会今天在福州开幕,我谨向会议的召开表示热烈的祝贺。

习近平指出,消除贫困、改善民生、实现共同富裕,是中国特色社会主义的本质要求,是中国共产党的重要使命。中共十八大以来,我们从全面建成小康社会要求出发,把脱贫攻坚作为实现第一个百年奋斗目标的重点任务,作出一系列重大部署和安排,全面打响脱贫攻坚战,困扰中华民族几千年的绝对贫困问题即将历史性地得到解决。我们有信心、有能力坚决夺取脱贫攻坚战全面胜利,提前 10 年实现《联合国 2030 年可持续发展议程》的减贫目标,完成这项对中华民族、对人类社会

都具有重大意义的伟业。

习近平强调，当前，在各方共同努力下，全球减贫事业取得长足进展，但面临的困难和挑战仍然很严峻，迫切需要包括各国政党在内的国际社会凝聚共识、携手合作，坚持多边主义，维护和平稳定，加快推动全球减贫进程。希望与会嘉宾通过交流经验、总结规律，共商推进全球减贫事业，增强战胜贫困信心，为实现《联合国2030年可持续发展议程》目标贡献智慧和力量。

"摆脱贫困与政党的责任"国际理论研讨会由中共中央对外联络部和中共福建省委联合举办。老挝人革党中央总书记、国家主席本扬，纳米比亚人组党主席、总统根哥布，津巴布韦非洲民族联盟－爱国阵线主席兼第一书记、总统姆南加古瓦，中非共和国团结一心运动创始人、总统图瓦德拉，马拉维大会党主席、总统查克维拉，阿根廷总统费尔南德斯，苏里南进步改革党主席、总统单多吉等通过书面或视频方式致贺，高度评价在以习近平同志为核心的中共中央领导下中国脱贫攻坚取得的历史性成就，一致认为各国政党应发挥政治引领作用，凝聚各方共识，促进国际减贫合作。来自100多个国家的约400位政党代表和驻华使节、国际机构驻华代表、发展中国家媒体驻华代表、智库学者等通过线上或线下方式参会。

第一篇
外国领导人视频致贺及贺信

- 老挝人革党中央总书记、国家主席本扬视频致贺 //3
- 纳米比亚人组党主席、总统根哥布贺信 //5
- 津巴布韦非洲民族联盟－爱国阵线主席兼第一书记、总统姆南加古瓦贺信 //9
- 中非共和国团结一心运动创始人、总统图瓦德拉贺信 //13
- 马拉维大会党主席、总统查克维拉贺信 //15
- 乌干达全国抵抗运动主席、总统穆塞韦尼贺信 //17
- 阿根廷总统费尔南德斯贺信 //21
- 苏里南进步改革党主席、总统单多吉贺信 //23

第二篇
主旨讲话

- 共享扶贫经验　助力可持续发展
  ——中联部部长宋涛在"摆脱贫困与政党的责任"国际理论研讨会上的主旨讲话 //27
- 中共福建省委书记于伟国主旨讲话 //35
- 柬埔寨人民党中央常委、副首相尹财利发言 //39
- 印尼民族觉醒党总主席、国会副议长穆海敏发言 //43
- 马来西亚民主进步党主席、总理对华特使张庆信发言 //47
- 南非非国大总书记马哈舒勒发言 //51
- 肯尼亚朱比利党总书记图朱发言 //53
- 加蓬民主党总书记布恩冈加发言 //55
- 联合国开发计划署驻华代表白雅婷发言 //59
- 信守为民初心　砥砺脱贫攻坚
  ——国务院扶贫办党组成员、副主任陈志刚在"摆脱贫困与政党的责任"国际理论研讨会上的发言 //63

第三篇
分议题一：摆脱贫困与人类可持续发展

- 中国社会科学院农村发展研究所研究员吴国宝发言 //69
- 巴基斯坦驻华大使莫因·哈克发言 //73
- 联合国国际农业发展基金驻华代表马泰奥发言 //77
- 俄罗斯联邦共产党中央副主席、俄罗斯国家杜马国际事务委员会副主席诺维科夫发言 //81
- 尼泊尔共产党中央书记、前政府总理卡纳尔发言 //87
- 孟加拉国共产党（马列主义）总书记巴鲁阿发言 //91
- 泰国驻华大使阿塔育发言 //95
- 巴布亚新几内亚单一民族党领袖、东高地省省长努姆发言 //99
- 伊朗伊斯兰联合党副书记尼克纳姆发言 //103
- 欧洲左翼党第一副主席莫拉发言 //107
- 希腊左联党影阁外长卡特鲁加洛斯发言 //111
- 西班牙共产党主席森特利亚发言 //113
- 波兰民主左派联盟党副主席、众议员安杰伊·舍伊纳发言 //117

第四篇

分议题二：中国脱贫攻坚与国际减贫事业

- 福建社会科学院哲学研究所所长张文彪发言 //123
- 阿塞拜疆驻华大使杰纳利发言 //127
- 联合国儿童基金会驻华代表芮心月发言 //131
- 巴中学会执行主任穆斯塔法发言 //135
- 斯里兰卡共产党总书记维拉辛哈发言 //139
- 土耳其爱国党副主席克莱伊发言 //143
- 埃及共产党总书记萨拉赫·阿德里发言 //145
- 巴勒斯坦法塔赫阿拉伯关系和中国事务部副部长
  伊萨发言 //149
- 伊拉克共产党总书记法赫米发言 //153
- 巴基斯坦正义运动党首席召集人顾问卡西发言 //155
- 意大利新丝路促进会会长马林焦发言 //157
- 肯尼亚公共政策分析师、美国非洲国际大学讲师
  史蒂芬·恩代格瓦·姆万吉发言 //159

第五篇

"宁德故事"分享会
——"宁德故事"背后有一个伟大的领导人和伟大的党

- 中联部副部长郭业洲主持讲话 //165
- 中共宁德市委书记郭锡文作主旨介绍 //166
- 莫桑比克驻华大使玛利亚·古斯塔瓦发言 //175
- 苏里南驻华大使陈家慧发言 //177
- 摩尔多瓦驻华大使德米特鲁·贝拉基什发言 //179
- 苏丹驻华大使加法尔·卡拉尔发言 //182
- 多米尼加驻华大使布里乌尼·加拉维托·塞古拉发言 //183
- 加蓬驻华大使波德莱尔·恩东·埃拉发言 //183
- 纳米比亚驻华大使埃里亚·凯亚莫发言 //184
- 萨摩亚驻华大使塔普萨拉伊·托欧玛塔发言 //184
- 中共宁德市委书记郭锡文回答提问 //185
- 塞拉利昂驻华大使欧内斯特·恩多马希纳发言 //188
- 斐济驻华大使马纳萨·坦吉萨金鲍发言 //189
- 中非驻华使馆临时代办乔纳森·贝朗发言 //189
- 尼日尔驻华大使伊努萨·穆斯塔法发言 //189
- 中联部副部长郭业洲总结发言 //190

第六篇
会议部分新闻报道

- 习近平总书记向"摆脱贫困与政党的责任"国际理论研讨会致贺信引发与会人士热烈反响
  ——"中国减贫成就具有重大的世界意义" //195
- "摆脱贫困与政党的责任"国际理论研讨会在福建开幕 //198
- 交流互鉴,共商推进全球减贫事业 //199
- "中国减贫成就具有重大的世界意义"
  ——"摆脱贫困与政党的责任"国际理论研讨会综述 //203
- 中联部组织多国驻华使节赴福建宁德交流考察 //205
- 外国驻华使节:中国减贫具有世界意义 //207
- 聚焦后疫情时代世界脱贫 百余政党代表、驻华使节共商合作之策 //210
- 驻华使节走进"中国扶贫第一村":印象最深的是民众的笑脸 //213
- 携手激发人民追求更好生活的信念
  ——"摆脱贫困与政党的责任"国际理论研讨会聚焦减贫合作 //216
- 外国驻华大使实地调研中国脱贫成就:为世界提供借鉴经验 //219

- 外国使节打卡赤溪村　点赞中国脱贫故事 //222
- 驻华使节探寻中国脱贫"秘诀"：坚定信念
  久久为功 //225
- 多国领导人发贺信点赞中国减贫成就：将不可能变可能 //227
- 为全球减贫事业提供中国经验 //231
- "摆脱贫困与政党的责任"研讨会举行，持续深化国际减
  贫合作 //233
- 八国最高领导人亲致贺信，这场理论研讨会为何规格
  如此之高？ //235
- 会议结束为何这位驻华大使想再多待一星期？寻找中国
  脱贫秘诀 //238
- 近30位驻华使节到访"中国扶贫第一村"：减贫要不要
  学中国？ //245
- "中国为世界各国树立了榜样"
  ——访"摆脱贫困与政党的责任"国际理论研讨会
  参会外宾 //251
- 中国经验福建实践助力全球减贫事业
  ——"摆脱贫困与政党的责任"国际理论研讨会侧记 //254
- "福州发展未来可期！"
  ——参加"摆脱贫困与政党的责任"国际理论研讨会
  嘉宾点赞榕城 //260
- 福州市市民服务中心便民举措实力"圈粉"
  埃及大使频频点赞 //262

第一篇

外国领导人视频致贺及贺信

老挝人革党中央总书记、国家主席本扬视频致贺

  首先,我谨对中共中央对外联络部和中共福建省委在中国福建省成功召开"摆脱贫困与政党的责任"国际研讨会表示热烈祝贺。本次会议为世界各国政党了解各国脱贫事业中遇到的困难和取得的成就提供了宝贵机会,也为各国深入交流互鉴脱贫经验、更好造福人民提供了重要平台。

  新中国成立71年来,在中国共产党全面、英明且富有开创性的领导下,中国经济社会发展取得举世瞩目的伟大成就,中国由一个贫困落后的国家发展成为繁荣富强的现代化国家,我对此表示热烈祝贺和高度评价。中国共产党在短时间内带领10多亿中国人民解放和发展生产力,摆脱基本生活物资短缺的贫困状态,实现总体小康,取得了整个人类历史上前所未有的巨大成就。中国脱贫攻坚事业成就显著,脱贫减贫实践经验丰富。我坚信,在以习近平同志为核心的中共中央领导下,中国人民一定能够顺利夺取决战脱贫攻坚最后胜利,如期全面建成小康社会。

本次会议的主题具有重要战略意义和世界意义。带领人民脱贫致富，过上美好幸福生活，既是时代赋予各国政党的历史使命，也是各国政党应尽的责任义务。老挝人民革命党始终把带领老挝各族人民摆脱贫困、创造幸福生活作为国家经济社会发展的优先任务，并一以贯之地积极落实。当前，老挝扶贫事业不断取得新的成果，全国贫困家庭数量正在不断减少。

近年来，我在访华期间先后赴习近平总书记亲自关心、指导的湖南省湘西十八洞村和福建省宁德市下岐村考察中国的扶贫工作，目睹了中国人民在中国共产党的坚强领导下推进脱贫攻坚事业取得的巨大成就，深入了解了中国共产党团结带领人民群众开展扶贫减贫工作积累的宝贵经验，更加坚定了老挝人革党带领老挝人民深入推进扶贫事业、早日摆脱国家欠发达状态的信心和决心。

面对深刻复杂演变的国际形势和全人类共同面临的全球性挑战，特别是在当前新冠肺炎疫情在全球范围内不断蔓延的背景下，世界各国政府和政党更应该密切配合、加强合作。我完全赞同并高度评价习近平总书记提出的人类命运共同体理念，这一理念顺应时代发展趋势。在此，我呼吁世界各国政党加强协作、深化合作，带领本国人民摆脱贫困，创造幸福美好生活，为顺利实现《联合国2030年可持续发展议程》目标贡献力量。

最后，衷心祝愿本次国际研讨会取得圆满成功！谢谢！

纳米比亚人组党主席、总统根哥布贺信

在中华人民共和国庆祝建国 71 周年的特殊时刻，请允许我代表纳米比亚政府和人民向习近平总书记以及中国共产党、中国政府和人民致以热烈祝贺。

2020 年对纳米比亚来说是特殊的一年，因为今年是纳中建交 30 周年。纳中两国关系建立在相互尊重主权和领土完整、互不干涉内政、捍卫多边主义、维护世界和平稳定和以包容的态度为世界人民谋幸福的原则基础上。

当前，新冠肺炎疫情全球蔓延，包括纳米比亚在内的许多国家在公共卫生体系建设、粮食安全和经济增长方面面临巨大压力。因此，此次在福建省召开"摆脱贫困与政党的责任"国际理论研讨会可谓恰逢其时，感谢习近平总书记和贵党邀请包括纳米比亚在内的世界各国代表参会，为共同应对挑战贡献智慧和力量。

我相信研讨会有助于各国政党就摆脱贫困的理念、经验和战略开展深入交流，也将帮助世界各国

建设更有韧性的社会保障体系，在疫情后推动减贫工作不断取得新进展。

中国共产党带领中国人民通过改革开放、落实经济发展和乡村振兴战略、推进现代化等战略举措消除贫困，这对我们有很大的启发。

近几十年来，纳米比亚等非洲国家与中国一样发生了巨大变化，正面临着发展的新机遇。纳米比亚通过建立完善的程序、体系和机构，逐步实现治理现代化。纳人组党领导的政府坚持负责、透明、诚实、守信原则，不断提升治理效能。我坚信，一个值得信赖的政府必须兼具"透明"和"负责"两个要素。这也是我们提出建设"新非洲"理念的一部分，我们认为"新非洲"应该治理程序明确、公平、透明，治理体系运行有效，治理机构无可非议，这有助于产生具有变革精神的领导人和良好的发展格局。今天的非洲蕴藏着经济增长和发展的潜能。

我把非洲几代领导人的上台与更迭概括为"三波浪潮"："第一波浪潮"领导人产生于反殖民斗争时期，很多非洲国家依靠卓越的领导人实现国家独立，例如加纳的恩克鲁玛、几内亚的塞古·杜尔、坦桑尼亚的尼雷尔、阿尔及利亚的本·贝拉、肯尼亚的乔莫·肯雅塔、安哥拉的阿戈斯蒂纽·内图、津巴布韦的穆加贝、莫桑比克的萨莫拉、南非的曼德拉以及我们国家的努乔马等，他们被称为"国父"，是非洲领导人"第一波浪潮"的代表。

"第二波浪潮"领导人产生于冷战时期，当时国际地缘政治把世界分为东西两大阵营，是一个以政变和一党制为特征的时代。此后世界开始转型发展，新一批领导人应运而生，即非洲"第三波浪潮"领导人，他们更加关注程序、体系和机构建设，努力拉动经济发展。

"第三波浪潮"领导人在前辈的基础上，不断完善治理架构。

他们面临的主要挑战是如何把发展成果转化为非洲人民共同的经济繁荣，其中首要任务就是帮助非洲人民摆脱贫困泥沼。因此，纳米比亚政府一直以来将消除贫困列为施政优先项和重点工作。

纳米比亚高度关注中国在减贫脱贫方面取得的显著成就。我们注意到，改革开放40多年来，中国有7亿多人成功摆脱贫困，对世界减贫贡献率超过70%。中国的贫困人口从2012年年底的9899万人减少到2019年年底的551万人。在2020年脱贫攻坚任务完成后，中国将提前10年实现《联合国2030年可持续发展议程》的减贫目标。这是史无前例的伟大成就，纳米比亚对此表示高度钦佩和赞赏。

纳米比亚紧跟全球减贫潮流，独立30年来，在减贫方面也取得了一定成绩，国家贫困率从1993年的70%降至2020年的18%。未来，纳米比亚将继续加大对卫生、教育等社会领域的投资，不断健全社会保障体系，更好应对贫困挑战。纳米比亚愿进一步加强双边合作，学习中国有益经验，早日实现减贫目标。

新冠肺炎疫情对包括纳米比亚在内的世界各国经济造成巨大冲击。据世界银行预计，受疫情影响，2021年每日生活标准低于1.9美元的极度贫困人口将增长1.5亿，其中撒哈拉以南非洲是重灾区，纳米比亚多年的减贫努力面临功亏一篑的风险。中国是纳米比亚全天候伙伴，我们希望中方提供更多直接投资、无偿援助和优惠贷款，支持纳减贫努力，助纳重振经济。

我愿借此机会再次感谢中国政府、中国人民和马云基金会对纳米比亚抗击新冠肺炎疫情提供的技术和物质支持，这对纳抗击疫情发挥了关键作用。

只有坚持多边主义和推动构建人类命运共同体，我们才能建设一个包容、和平、繁荣和稳定的世界，让所有国家和人民享有和平与和谐的生活。

纳米比亚愿秉持友谊和互信的原则，与中国携手战胜贫困，不让一个人掉队。

中国减贫取得历史性成就，为包括纳在内的世界各国贡献了宝贵经验，我们将继续把减贫作为执政中心任务。

"志合者，不以山海为远"，我们两国都在朝着实现世界和平、安全、和谐的目标携手奋进。祝愿中国在以习近平同志为核心的中共中央坚强领导下，在秉持爱国主义精神的中国人民共同努力下，朝着实现中华民族伟大复兴的目标不断迈进。让我们携手努力，实现各自国家和世界的共同富裕，使人民过上和谐安定的生活。

谢谢！

津巴布韦非洲民族联盟－爱国阵线主席兼第一书记、总统姆南加古瓦贺信

中国的扶贫努力为全球特别是非洲减贫事业作出了巨大贡献。我谨代表津巴布韦人民、津巴布韦非洲民族联盟－爱国阵线（津民盟），并以我个人名义致以诚挚感谢。

贫困是一种复杂多维的现象，包括缺少资源、商品、服务和收入以及由此导致的个人或集体贫困、弱势和无助。贫困还体现在其他方面，包括饥饿、营养不良、健康不佳，教育、医保、住房、水、卫生和体面工作等资源有限或缺乏，这些都对津巴布韦等世界各国造成影响。

中国致力于消除贫困，实施了一系列改革政策。在习近平总书记和中国共产党的坚强领导下，中国成为世界第二大经济体，超过 7 亿人成功脱贫。2020 年 5 月 26 日，中国国家统计局数据显示，中国农村贫困人口已从 1978 年年底的接近 7.7 亿人降至 2019 年年底的 551 万人。落实《联合国 2030 年可持续发展议程》是联合国开发计划署的一项重要

任务。该署高度评价称,中国近几十年的发展成就让世界印象深刻。我们祝贺中国即将成为第一个实现联合国《2030年可持续发展议程》减贫目标的国家。联合国开发计划署发布的《中国人类发展报告(特别版)》指出,中国采取多种方式,实施全方位扶贫战略,成为推动人类发展的范例。

津民盟与中共的兄弟、团结情谊始于半个多世纪以前,我们致力于进一步发展这一关系。我们在困难时期的互信互助将带领我们走向繁荣的未来。中国为非洲,特别是津巴布韦的减贫与发展作出极大贡献。我们感谢中国政府投资津发展项目,并为津"伊代"热带气旋受灾民众捐助80万美元。

中非贸易和投资极大促进非洲经济发展,改善非洲经济状况,减少非洲贫困。这种特殊纽带推动两国关系更上一层楼,在我2018年4月2—6日访华期间,习近平主席与我共同决定将两国"全天候朋友关系"提升至"全面战略合作伙伴关系"。其间,我宣布将中国公民赴津旅游签证等级由三级提升至二级,即给予落地签证待遇。

津巴布韦正走在新的道路上。消除贫困依然是津巴布韦政府所有政策目标的重中之重。津巴布韦自1980年独立以来一直实施减贫战略,尽管我们同本地区其他国家一样面临人道主义挑战,且因为非法制裁和气候变化的负面影响,以及当前新冠肺炎疫情的冲击,处境更为困难。但我们仍在努力确保津实现粮食安全。

我们已经为2020—2021年夏种作了充分准备,届时将开展许多活动,包括"新起点"项目,总统投入项目、指令,智慧农业项目,以及总统种棉项目等。2020年9月30日我们还启动了白俄罗斯机械化项目。"新起点"理念就是通过使用保护性农业技术和精耕细作,减少气候对农业影响，实现更高农业产出。这一项目已有200万家庭参与进来，在政府牵头的农业恢复计划下进行。参与项目的成员需要接受培训，并将学到的知识转化为充分的生产实践。

为让津巴布韦人民实现全面发展，我们要做的工作还很多。当前正在推进烘焙、园艺、采矿、肥皂和凡士林制造，以及蠕虫、小米、花生酱、禽猪肉类的加工和包装等项目。津民盟和政府将不断对各层级的绩效作出评估，还将继续对新项目进行可行性评估，每个省都将发展相应的制造业或服务业。

持续的经济增长、发展和体面就业是减贫的关键。津巴布韦通过在全国开展各领域项目，实现了就业增长。非正式部门就业人口比例明显上升，其中很大一部分是女性。

政府大力改善了教育，包括幼儿教育、中小学和高等教育、师范教育、职业教育和产业培训。教育机构大部分都已通电并用上计算机。

贫困是造成社会卫生健康问题的原因。津政府在城乡地区修建了多所医院和诊所，并为其配备新的医疗设备，购置重要急需药品。

津巴布韦政府和津民盟残疾与弱势群体部通力合作，提出并落实了多项扶助残疾人和老人的措施，包括提供食品、住所和免费医疗。

津巴布韦城乡还面临清洁饮用水困难及其带来的许多问题。津民盟和政府积极在城乡钻井取水，向人民提供清洁用水。

尽管经济和电力供应困难重重，但津巴布韦基础设施建设仍取得重大进展。重大项目进展顺利将为津巴布韦发展带来一系列利好，如通过改进电力供应，改善运输方式，降低国内国际物流成本等。

由津巴布韦财政和经济发展部与津巴布韦储备银行共同牵头的宏观经济改革已经取得重要进展，将为津巴布韦的可持续发展发挥重要

作用。宏观经济改革将政府预算赤字成功削减至个位数,经常性账户出现盈余。

总之,津民盟坚信,在习近平总书记的领导下,中国必将很快完成第一个百年目标,全面建成小康社会,并将在2049年实现第二个百年目标,建成富强民主文明和谐美丽的社会主义现代化强国。

中非共和国团结一心运动创始人、总统图瓦德拉贺信

2020年10月12日,"摆脱贫困与政党的责任"国际理论研讨会在福建省召开。我谨代表中非共和国政府和人民,并以我个人的名义,向中国共产党、中国政府及人民致以热烈祝贺,祝愿大会取得成功。

在以习近平同志为核心的中共中央的坚强领导下,中华人民共和国将在2020年年底成功实现全面脱贫,取得令人瞩目的成就。同时,中国也同其他发展中国家建立了牢固的友好合作关系和命运共同体,帮助这些国家实现发展。

我祝愿由中共中央对外联络部和中共福建省委共同举办的"摆脱贫困与政党的责任"国际理论研讨会取得圆满成功。

我愿借此机会回忆有关菌草合作项目的愉快经历,这一合作项目自引进中非共和国以来,已历经多个关键阶段。

在中非合作论坛北京峰会期间,习近平主席同我就加强两国农业合作达成共识。我当时深切感受到习近平主席不仅对中国、也对中非共和国的减贫

工作高度重视。

我感谢习近平主席对菌草合作项目的特别关注，让这一项目在很多发展中国家中得以推广。习近平主席对我们两国菌草合作项目作出特别指示，我国青年干部因此得以在中国和中非共和国接受培训，以造福本国人民。

为表达感激之情，在2019年中非共和国国庆之际，我向来自福建省的中国菌草专家颁发勋章，并指定盖灵谷村为中非共和国推广菌草技术的示范村。

近期，曾接受过菌草技术培训的中非共和国实习生法蒂美女士运用其在中国学到的技术，并根据中非共和国环境特点加以创新，在我国成功种植出蘑菇，当地农民也开始从事能带来收入的菌草种植。我坚信菌草技术的推广，将有助于中非共和国最终摆脱贫困。

马拉维大会党主席、总统查克维拉贺信

首先，我向中国迎来第 7 个国家扶贫日表示祝贺。马拉维大会党和我本人高度重视扶贫，很荣幸参与此次重要研讨会。

自从 7 年前担任大会党主席以来，我经历过 3 次大选，最终克服制度性腐败挑战，成功当选马总统。大会党执政后的一个主要任务是解决贫困这个严峻问题。马拉维的贫困问题由来已久，甚至不再被认为是一个紧迫的问题。25 年来，马历届政府以消除贫困为借口，将纳税人的钱中饱私囊，进一步加剧了人民的贫困。

此外，马拉维人民深陷贫困的原因还包括：发达国家长期以来造成的环境污染导致极端气候增多；独立前殖民统治者对马拉维剥削的负面影响犹在；独立后马政府滥用权力；民主化后的执政党腐败无能。目前马拉维人均 GDP 仅为 2142 元人民币。过去 10 年，50% 的马拉维人民生活在贫困线以下，收入不足 330 元人民币，难以负担基本生活需求；25% 的马拉维人民生活在极端贫困中，甚至吃不饱

饭。

本届政府将贫困问题视为国家危机，作为政府工作的重要责任和当务之急。为此，我们制定相应政策，改革政府机构。我们已清楚知道某些减贫方式对消除贫困并无用处，例如，外国援助可在发生灾情时帮助最脆弱的群众，却无法帮助国家消除贫困。

可悲的是，马拉维依赖援助的思想非常盛行。近20年来，马非政府组织和国家机构获得外部援助的途径日益增多，但结果却是这些机构的花销攀升，而普通民众的经济状况并没有明显改善。我们坚信，脱贫不能依赖外国借贷，尤其是将贷款用于毫无收益的项目。上届政府大肆借贷，使马纳税人背负了近300亿元人民币的债务。

没有一个国家是依靠外援实现脱贫的，减贫的正确道路是提高人民生产、制造和服务能力，不断提升本国在国际贸易中的竞争力。所有比马拉维富裕的国家都是如此实现脱贫的，只有这样才可以创造出实实在在的产品，提高人民生活水平，为其他经济体发展作出贡献。为此，本届政府将从三方面推进减贫事业：一是财政方面，我们将努力削减债务，把国家财政直接用于加强人民能力建设，实现工业化，而不是用于还债；二是观念方面，我们将教育民众做本国经济的建设者，而不是他国产品的消费者；三是政策方面，我们已经重新规划、调整了相关政策，逐步摆脱对外国援助和贷款的依赖，转而鼓励外商投资农业、采矿、能源、教育、旅游和运输等领域。

在通向发展繁荣的道路上，我们并非在完全陌生的领域跋涉，我们有幸得到中国的大力支持，并不断从中国的发展经验中汲取灵感。谢谢！

乌干达全国抵抗运动主席、总统穆塞韦尼贺信

在中共中央对外联络部召开"摆脱贫困与政党的责任"国际理论研讨会之际，我谨代表乌干达全国抵抗运动政府、乌干达人民，并以我个人名义，向尊敬的习近平同志、中国共产党及伟大的中国人民致以热烈祝贺。

中国将如期全面建成小康社会，实现农村贫困人口全部脱贫，提前 10 年实现《联合国 2030 年可持续发展议程》的减贫目标。我愿借此机会，向习近平阁下致以热烈祝贺。中国共产党引领全球减贫和人类可持续发展事业，同国际社会无私分享有关经验，我对此高度赞赏。

我知道，此次研讨会的召开，将拉开中国与国际利益攸关方系列重要交流活动的序幕，迎接 2020 年 10 月 17 日第 28 个国际消除贫困日暨第 7 个中国国家扶贫日的到来。40 多年来，中国始终注重周密规划和投资于民，实现 7 亿多人脱贫，占全球脱贫人口总数的 70%。仅过去 8 年，中国贫困人口从 2012 年年底的约 9900 万减少至 2019 年年底的

551万，今年年底绝对贫困将在中国成为历史。在与贫困作斗争的同时，中国积极倡导构建人类命运共同体理念，奉行互利共赢、共同发展的外交政策，为全球消除贫困作出巨大贡献。

全国抵抗运动经历长达5年的人民解放战争，于1986年建立政府并执政至今。乌干达独立后动荡不安，思想混乱，多数人依赖初级农业等温饱型经济，社会贫困率很高。全国抵抗运动秉持爱国主义、泛非主义、民主和经济社会转型四项思想原则，关注非洲人民的生存权及全人类的共同福祉，始终将消除贫困作为政府施政纲领的核心内容。

全国抵抗运动政府努力改变殖民时期遗留的经济扭曲生态。这种状况让乌干达仅生产几种经济作物供应殖民者的工业，使多数人陷于温饱型经济。虽然乌干达经济正在稳步恢复，但还面临许多制度性发展瓶颈，以及干旱、水灾、山体滑坡、地块分散等自然因素困难。乌干达68%的家庭仍以温饱型经济和农业为生，其中多数位于农村，对国民经济贡献率很低。上述难题直接加剧了乌贫困率。2020年数据显示，约21.4%的乌干达人即每5人中有1人生活在贫困线下，约30%的人每天生活费不足1.9美元。

乌干达通过第3个全国发展规划及2040年远景规划，从宏观和微观层面制定了科学的行动计划以解决贫困问题。乌正在推动工业化和落实"4英亩土地样板"，努力实现经济腾飞，提高农村家庭收入。在与贫困的斗争中，乌干达已看到了隧道尽头的光亮。

多数非洲和太平洋地区国家同样存在贫困问题。因此，各国应通过次区域或区域组织，齐心协力，向贫困宣战。本次国际理论研讨会为世界各国政党领导人实现消除贫困这一国际社会共同目标，提供了交流经验的契机。当前，世界各经济体正从新冠肺炎疫情的多重打击下复苏。疫情不仅侵蚀了非洲国家经济发展成果，也侵占了本应用于发展民生和消除贫困的财政资源，这也不可避免地加重了全球贫困问题。在此背景下，本次研讨会的召开意义重大。

预祝研讨会取得圆满成功！

阿根廷总统
费尔南德斯贺信

我谨对中国共产党举办"摆脱贫困与政党的责任"国际理论研讨会表示祝贺，相信此次高级别会议将为各方提供有益经验。中国和阿根廷均面临战胜贫困的挑战，作为政治领导人，我们担负着为两国人民谋福祉的紧迫责任。

阿根廷正义党自创建之初就高举社会正义旗帜并将其作为首要任务，一直为长期被其他政治力量忽视的弱势群体争取平等待遇而不懈努力。10月17日对阿根廷人民而言同样是特别的日子。1945年10月17日，阿根廷爆发工人运动，要求释放正义党创始人胡安·多明戈·庇隆，从此这一天作为正义党成立纪念日并被命名为"忠诚日"。

2019年12月我就任总统后，肩负着推动阿根廷公共和私人债务重组谈判的艰巨任务，竭尽所能争取让阿根廷人民过上更好的生活。我们的口号是"从最贫困的人开始，并惠及所有人"。

新冠肺炎疫情使弱势群体的生活雪上加霜。拉美地区出现史无前例的经济衰退，后疫情时代的经济恢复将经历艰难岁月。

为克服这场危机，我们重新加强了政府的作用，实施了一系列积极调控政策，如"全国消除饥饿计划"从国家层面保障了最贫困民众的食品供应，"紧急救助计划"旨在扶助各类企业和从业人员，"紧急家庭收入计划"提高了退休人员收入。这些举措都是为了落实《联合国2030年可持续发展议程》，推动阿根廷实现可持续和包容性发展。

日前，我与习近平主席通电话，就加强两国在双边和多边领域合作抗击疫情达成共识。在此，我想重申对中国政府、中国共产党及中方各界向阿根廷捐赠医疗物资的诚挚感谢。

阿根廷和中国可在诸多领域开展合作与交流互鉴。我谨对中华人民共和国在消除贫困道路上取得巨大成就表示祝贺，并祝此次研讨会取得圆满成功。

苏里南进步改革党主席、总统单多吉贺信

苏里南共和国荣幸地接受由中共中央对外联络部和中共福建省委共同主办的"摆脱贫困与政党的责任"国际理论研讨会的邀请,我谨委派驻中国特命全权大使代表苏里南共和国参加。

我想首先强调的是,摆脱贫困是各国努力实现可持续发展的关键要素之一,并且要确保不让一个人掉队。苏里南新近组成的单多吉－布伦斯维克政府肩负着苏里南人民赋予的政治使命,即带领苏里南实现健康可持续发展,使发展成果更加显著地惠及民生。人民利益始终是这一崇高事业的核心。

组成本届苏里南政府的各个政党将兑现承诺,带领国家走出经济困境;贯彻以人民为中心理念,使我国丰硕的自然资源财富更多向人民倾斜;力争通过科学研判避免应急决策,制定长远规划,推动经济向好发展。

良好的国际环境对于我们实现各项脱贫目标具有至关重要的意义。鉴此,苏里南政府呼吁各方重视《联合国2030年可持续发展议程》目标,特别

是第 17 项目标"重振可持续国际伙伴关系"的落实。结合本次研讨会而言，就是要建立摆脱贫困的国际伙伴关系。苏里南共和国参加"摆脱贫困与政党的责任"国际理论研讨会的必要性就在于这是交流情况、构建伙伴关系的一次机会。

在习近平总书记和中国共产党的领导下，中华人民共和国亿万人民彻底摆脱绝对贫困，为全世界树立了典范，对此，我表示高度赞赏。我们虽相距遥远，但你们坚定的政治意愿使看似不可能的事情变为现实，令我们备受鼓舞。

我谨向习近平总书记和中国共产党表示衷心祝贺。凭着为最广大人民根本利益服务的坚定政治意愿，你们的事业将不断取得显著成就。我们在苏里南将认真思悟你们的执政方略和非凡成就，奋力践行我们不久前向全国人民发出的"万众齐心协力，定能无往不胜"的号召。

苏里南进步改革党与中国共产党长期保持着相互尊重的友好关系。最后，请允许我对中国共产党举办本次研讨会再次表示热烈的祝贺。

预祝研讨会取得圆满成功！

第二篇
主旨讲话

2020 年 10 月 12 日，中联部部长宋涛在"摆脱贫困与政党的责任"国际理论研讨会开幕式上宣读中共中央总书记、国家主席习近平的贺信

共享扶贫经验 助力可持续发展

——中联部部长宋涛在"摆脱贫困与政党的责任"国际理论研讨会上的主旨讲话

首先我谨代表中共中央对外联络部对各位出席由中联部和中共福建省委共同举办的"摆脱贫困与政党的责任"国际理论研讨会表示热烈的欢迎！

福建是习近平总书记长期工作过的地方，是习近平总书记关于扶贫工作重要论述的发源地之

27

一。在10月17日中国国家扶贫日和国际消除贫困日前夕，我们在此举办"摆脱贫困与政党的责任"国际理论研讨会，具有特殊重要的意义。习近平总书记专门向会议发来贺信，老挝、纳米比亚、津巴布韦、中非、马拉维、乌干达、阿根廷、苏里南等国最高领导人也通过书面或视频方式向会议致贺，30多位驻华大使和使馆代表现场出席，100多个国家的政党线上参会。这充分体现了各国对消除贫困这一重大全球性议题的高度重视，也充分显示了各方积极推进国际减贫合作的使命担当。

女士们，先生们，朋友们！

贫困是困扰人类几千年的世界性难题，消除贫困自古就是人类梦寐以求的理想。长期以来，为早日消除贫困，国际社会花费了大量人力物力，想了各种办法，联合国先后确立了千年发展目标和2030年可持续发展议程，努力推动全球减贫进程。中国共产党从成立之日起就高度重视消除贫困问题，并为此付出艰苦卓绝的努力。改革开放以后特别是中共十八大以来，我们党把脱贫攻坚摆在治国理政的突出位置，习近平总书记提出一系列新思想新观点，作出一系列重要决策部署，带领全党全国人民全面打响脱贫攻坚战。中国连续7年年均减贫1000万人以上，创造了全球减贫奇迹，演绎了人类历史上"最成功的脱贫故事"，截至目前已使7亿多人摆脱贫困，对世界减贫的贡献率超过70%。今年是中国脱贫攻坚战的收官之年，尽管受到疫情冲击，我们仍有信心如期实现现行标准下农村贫困人口全部脱贫，提前10年实现《联合国2030年可持续发展议程》的减贫目标，中华民族几千年来存在的绝对贫困问题将得到历史性解决，得到人民群众衷心拥护，这对中国和世界都具有里程碑意义，必将产生深远的历史性影响。当前国际社会普遍关注中国的脱贫攻坚进程，都在思考和研究中国成功减贫的"秘密"。借此机会，我愿向大家分享几点看法。

第一，坚持把党的领导作为消除贫困的根本保证。习近平总书记指出："脱贫攻坚，加强领导是根本。"在脱贫攻坚过程中，我们充分发挥社会主义集中力量办大事的政治优势和各级党委总揽全局、协调各方的作用，建立了中央统筹、省负总责、市县抓落实的管理机制，坚持党政一把手负责制，省市县乡村"五级书记抓扶贫"，为脱贫攻坚提供了坚强政治保证。我们明天即将参观的宁德市，在20世纪80年代是福建省最贫困的地区。习近平总书记在这里工作时，用了不到两年时间，基本走遍了全市所有乡镇，带领宁德走出一条具有闽东特色的脱贫致富之路，并写下了《摆脱贫困》这一重要著作。"帮钱帮物，不如帮助建个好支部"，我们坚持深入推进党建促脱贫攻坚工作。党的十八大以来，中国共产党派出300多万驻村干部扎根基层，把基层党组织建设成为带领群众脱贫致富的坚强战斗堡垒，充分展现了党的领导在脱贫攻坚第一线的关键作用。这是中国扶贫取得历史性成就的最主要经验，也是打赢脱贫攻坚战的根本政治保证。

第二，坚持把发展作为消除贫困的根本举措。习近平总书记指出："发展是甩掉贫困帽子的总办法。"在我们党看来，发展的不平衡不充分是产生贫困的根本原因，要彻底解决贫困问题必须首先抓发展。为此，我们党始终坚持开发式扶贫方针，把发展产业、培育产业作为推动脱贫攻坚的根本出路，不断出台有利于贫困地区和贫困人口发展的政策举措，不断提高贫困地区和贫困人口的"造血能力"，使消除贫困建立在坚实的发展基础之上。同时，我们坚持公平发展、协调发展，在打赢脱贫攻坚战的进程中决不落下一个贫困家庭，在追求共同富裕的道路上决不丢下一个贫困群众，真正把习近平总书记提出的"全面建成小康社会，一个也不能少"的要求落到实处。

第三，坚持把紧紧依靠人民群众作为消除贫困的根本力量。为了谁、依靠谁，这是破解贫困难题的核心。习近平总书记指出："贫困群众既是脱贫攻坚的对象，更是脱贫致富的主体。"我们坚信，好日子是干出来的，脱贫致富终究要靠贫困群众用自己的辛勤劳动来实现。我们在实际工作中始终坚持扶贫与扶志、扶智相结合，引导人民群众全面树立宁愿苦干、不愿苦熬的观念，积极营造勤劳致富、脱贫光荣的氛围，努力培养自力更生、加快发展的本领，用人民群众追求美好生活的内生动力支撑脱贫攻坚，用人民群众创造美好生活的勤劳智慧改变贫穷宿命，彻底扭转"等靠要"思想和福利依赖，彻底打破贫困的恶性循环和代际传递。

第四，坚持把制度建设作为消除贫困的根本保障。党的十八大以来，以习近平同志为核心的中共中央以精准扶贫方略为重点，创造性探索和构建了一整套具有中国特色的脱贫攻坚制度体系。我们建立了专项扶贫、行业扶贫、社会扶贫互为支撑、共同推进的"三位一体"大扶贫格局，发动全党、全军、全社会资源投入脱贫攻坚事业。东部343个经济较强县（市、区）对口帮扶中西部573个贫困县，308家中央单位定点帮扶592个国家重点贫困县。我们中联部近10年来也一直承担着对口帮扶任务。通过全面构筑起制度和治理的"四梁八柱"，特别是在确保扶贫的精准性和可持续性上下功夫，稳步实现"两不愁、三保障"的核心指标，做到真脱贫、可持续、不反复。

女士们，先生们，朋友们！

当前，人类减贫事业已取得长足进展，极端贫困人口和贫困率都在持续下降，但自然灾害、战乱等因素和发展不平衡、分配不公平等问题仍严重制约着全球减贫进程。特别是在新冠肺炎疫情全球蔓延的背景下，极端贫困人口呈反弹态势，迫切需要国际社会加强国际减贫合作。为此，我们提出以下几点建议：

一是要坚守初心使命，携手扛起政党责任。政党作为各国政策的源头，在国家经济、政治和社会发展进程中担负着重要责任。消除贫困作为古今中外治国理政的一件大事，是每个负责任政党共同坚守的初心和使命。习近平总书记指出："中国共产党是为中国人民谋幸福的党，也是为人类进步事业而奋斗的党。"近年来，我们在打好脱贫攻坚战的同时，始终积极支持和帮助广大发展中国家特别是最不发达

研讨会现场

国家减少和消除贫困。当前，一些国家的政客出于选举政治和个人私利考虑，置本国民众贫困问题于不顾，一味对外挑起冲突对抗，企图转嫁民生矛盾，必将遭到国际社会共同反对。我们希望继续与世界各国政党一道，共同扛起消除贫困这一重要责任，携手推进开放、包容、普惠、平衡、共赢的经济全球化，共同维护世界和平稳定，努力为推进人类减贫事业作出积极贡献。

二是要坚持互学互鉴，不断加强扶贫减贫经验交流。彻底消除贫困，是世界各国政党特别是发展中国家政党在推动国家发展过程中面临的共同难题和挑战，也是很多外国政党政要来华交流的必选议题。中国共产党愿意继续毫无保留地同世界各国政党分享中国消除贫困的经验和方法。最近出版的《习近平谈治国理政》（第三卷）生动记录了中共十九大以来习近平总书记带领全党全国人民治国理政的理论与实践，其中关于决战脱贫攻坚的章节，集中体现了习近平总书记在脱贫攻坚和国际减贫合作方面的最新重要思想理念。我们愿就此与各国政党、政府及社会各界进行深入交流，也愿学习借鉴世界各国在消除贫困等领域的有益经验，吸收一切人类文明优秀成果。

三是要秉持多边主义，持续深化国际减贫合作。实现《联合国2030年可持续发展议程》是一项系统工程，国际社会必须加强团结合作，共同建设远离贫困、共享繁荣的美好世界。我们呼吁各国政党携起手来，坚定维护多边主义，坚定维护以联合国为核心的国际体系，坚定维护以国际法为基础的国际秩序，共同筑牢和平与发展的坚实基础。我们坚决反对单边主义和保护主义，不能像有的国家那样搞本国优先、我行我素和甩锅推责，打压各国人民追求美好生活的权利。我们将与各国政党一道，将减贫作为国际发展合作的优先领域和核心任务，推动营造包容性减贫环境。我们将继续支持国际社会抗击疫情，不断深化抗疫国际合作，支持发展中国家稳住疫情、发展经济，用实际行动为全球减贫和可持续发展注入新动力。

四是要坚持求同存异，推动构建人类命运共同体。习近平总书记指出："一副药方不可能包治百病，一种模式也不可能解决所有国家的问题。"如何扶贫、走什么样的减贫道路与一个国家的国情特点、文化传统和制度模式等有直接的关系，不可能千篇一律。中国共产党始终以开放的眼光、开阔的胸怀对待世界各国的文明创造，主张从世界多样性出发，尊重各国自主选择解决贫困问题的途径和方式，反对在国际合作中以政治制度和意识形态划线，反对挑起新

会议主题书展

冷战、文明冲突和搞零和博弈。我们将与各国政党加强交流对话，积极建立求同存异、相互尊重、互学互鉴的新型政党关系，不断增进国与国之间、政党与政党以及民众之间的相互理解与信任，推动构建人类命运共同体。

　　希望大家在接下来的研讨中各抒己见、畅所欲言，为尽早消除贫困、实现《联合国 2030 年可持续发展议程》目标贡献智慧和力量！

中共福建省委书记
于伟国*主旨讲话

很高兴与大家相聚在美丽的福州,共同研讨"摆脱贫困与政党责任",共享减贫经验。我谨代表中共福建省委和全省人民向大家表示热烈欢迎和诚挚问候!

---

* 于伟国,2017.10 至 2020.12 任中共福建省委书记。现任全国人大环境与资源保护委员会副主任委员。

习近平总书记的贺信，深刻阐释中国特色减贫道路，深入分析全球减贫事业面临的挑战，立足世界政党共同责任，发出了携手消除贫困的重大倡议，是我们打赢脱贫攻坚战、加强国际减贫合作的根本遵循。

福建脱贫攻坚起步早、力度大、基础深。习近平总书记在福建工作时，就带领人民率先打响摆脱贫困攻坚战。他到厦门工作时，主动请缨分管农业农村工作，经常深入海拔最高、最边远、最贫困的山区村，帮助谋划脱贫之路。在宁德工作时，在财力十分困难情况下，把力量集中用在攻克贫困上，开创了摆脱贫困的重大实践。无论是在地市还是到省里工作，他都始终高度重视扶贫开发，提出了"弱鸟先飞""滴水穿石""四下基层""扶贫扶志"等一系列创新理念，开创了发展特色产业、造福工程搬迁、连家船民上岸、山海协作、下派村支书和科技特派员、闽宁协作等一系列生动实践。这些都与党的十八大以来习近平总书记关于扶贫工作的重要论述一脉相承，都是我们打赢脱贫攻坚战的根本指引。在习近平总书记亲自打下的坚实基础上，当年十分贫困的宁德市，如今已产业兴旺、百姓富足，2019年GDP达2451亿元，比习近平总书记到宁德工作前的1987年增长了近80倍。福建全省所有建档立卡贫困村、建档立卡贫困人口，都摘掉了贫困帽子。

在学习践行习近平总书记在福建推进扶贫开发的创新理念和重大实践中，有四点体会十分深刻：

第一，始终把摆脱贫困作为巩固党的执政基础的战略举措，坚决扛起脱贫攻坚的政治责任。习近平总书记当年工作时的宁德地区，是全国18个连片贫困区之一，全地区9个县中有6个是贫困县，经济十分落后。面对这种情况，他敏锐地意识到，各项工作千万条，摆脱贫困是第一条。他主动扛起这个重担，一到任就走遍了所有的县，千方百计寻求脱贫致富之道。比如，位于宁德寿宁县的下党乡，当年无公路、无自来水、无照明电、无财政收入、无政府办公场所，乡政府设在改造过的牛圈里。习近平总书记披荆斩棘、三进下党，在村里的廊桥上现场办公，为群众解决生活生产用电、道路、防洪、学校建设等实际困难。习近平总书记始终牵挂着下党乡。去年，下党乡实现了脱贫，他又亲自给乡亲们回信，鼓励他们持续巩固脱贫成果，积极建设美好家园。

第二，始终坚持扶贫扶志、弱鸟先飞，全面激发脱贫致富内生动力。面对当时少数群众存在的"等靠要"等思想，习近平总书记反复强调，地方贫困，观念不能贫困，当务之急是党员、干部、群众都要来一个思想解放，四面八方去讲"弱鸟可望先飞、至贫可能先富"的辩证法，振奋精神，积极努力。正是在习近平总书记的激励下，宁德等贫困地区依靠自身不懈奋斗实现了"弱鸟先飞"、脱贫致富。

第三，始终坚持精准方略，努力探索因地制宜的脱贫致富路子。习近平总书记深刻指出，要使弱鸟先飞，飞得快、飞得高，必须立足实际找准路子。根据宁德当时的发展实际，他强调要让农业、工业这两个轮子一起转。对于农业，他要求要根据宁德有山有海的具体情况，山海一起抓，靠山吃山唱山歌，靠海吃海念海经。对于工业，他明确要求要走宁德自己的路子，既要"多抱几个金娃娃"，又不能寄希望一下子抱个"金娃娃"。按照习近平总书记的重要要求，宁德坚持抱好"金娃娃"、发展大产业，目前已培育了宁德时代新能源等在全国乃至全球都有影响力的产业地标，推动宁德高质量迈向万亿工业时代。

第四，始终坚持滴水穿石、久久为功，持续跑好摆脱贫困的接力赛。习近平总书记鲜明指出，根本改变贫困落后面貌，没有什么捷径可走，不可能一夜之间就发生巨变，只能是渐进的、滴水穿石般的变化。他反复强调，我们需要既立足于实际又胸怀长远的实干，不需要好高骛远的空想；需要一步一个脚印地埋头苦干，不需要"三天打鱼、两天晒网"的散漫。这种滴水穿石精神，已经熔铸成福建人民的精神基因，指引着我们一届接着一届干，推动新时代新福建建设不断取得新成效，推动福建人民的日子越过越红火。

习近平总书记矢志不渝带领人民摆脱贫困，最根本的就在于他始终把人民放在心中最高位置，把最需要帮助的贫困群众作为心中最深的牵挂，始终与人民心心相印、同甘共苦。

女士们、先生们，摆脱贫困是我们共同的事业、共同的责任。我们愿意与大家一道，携手合作、消除贫困，让广大人民群众过上更加幸福美好的生活。

衷心预祝研讨会取得圆满成功！谢谢大家！

柬埔寨人民党中央常委、副首相尹财利发言

今天,我十分高兴代表柬埔寨王国政府首相洪森亲王出席于 2020 年 10 月 12 日至 13 日在福建举行的"摆脱贫困与政党的责任"国际理论研讨会。在此,我谨代表柬埔寨王国政府和人民,对中国政府和人民在柬经济发展、商业、旅游和其他各领域长期给予的支持表示衷心感谢。同时,我也向通过

视频连线方式应邀出席此次国际理论研讨会的各位贵宾、女士和先生表示热烈欢迎。

借此机会,柬埔寨王国政府高度赞赏中国国家主席习近平阁下在推动中国全面深化改革和深化国际合作方面的科学论断和英明决策,特别是着眼推进全球共同发展繁荣提出的"一带一路"倡议。这项伟大倡议不仅对拉动经贸增长具有不可替代的作用,也为助力地区、国家和世界提升互联互通水平,深化包括基础设施建设、经济、投资和金融等各领域务实合作,以及促进民心相通提供了富有远见的新思路新想法。"一带一路"倡议必将成为拉动全球经济增长的新引擎,并为各国加速推进脱贫减贫事业发挥积极作用。

正如参会的各位朋友所知,新冠肺炎疫情已经对世界各国的社会秩序、传统习俗、生产生活、民众健康和经济社会发展造成威胁。我们仍无法准确预测新冠肺炎疫情何时结束。与其他国家一样,柬埔寨王国政府也采取了一系列全面严格的防疫措施,严防出现社区传播,尽最大努力救治确诊病患,实现了确诊病例"零死亡"。

各位贵宾、女士们、先生们!

几十年来,柬埔寨在政治、安全和经济社会领域经受住了大风大浪的考验。今天的柬埔寨,已经成为和平之地,是地区和国际旅客最喜爱的东南亚著名旅游目的地之一。在经济方面,柬埔寨已从中等偏低收入国家迈入中等偏高收入国家行列,被视为"亚洲经济新虎"。特别是近20年来,柬埔寨经济保持年均7.7%的增长率。同世界各国一样,柬埔寨为实现发展也制定出台了相关政策、总体战略和不同领域发展战略,并在基础设施和经济社会等诸多领域进行大量投资,集中体现在道路、电力、饮用水、水利、教育、卫生和其他社会服务等方面，这对确保经济长期增长、推动社会发展、实现贫困率每年减少1个百分点的目标具有重要意义。值得一提的是，当前柬埔寨已实现贫困率低于10%的预定目标。正是由于我们的不懈努力，柬埔寨经济取得上述骄人成绩，这也让柬埔寨人民的生活发生了翻天覆地的变化。2019年，柬埔寨人均GDP增至1879美元。根据联合国发布的《千年发展目标2015年报告》，柬埔寨是第4个成功实现千年发展目标中减贫目标的发展中国家。

各位与会嘉宾！

为呼应此次研讨会主题，请允许我同各位嘉宾分享以下观点：

第一，和平、政治稳定、安全有序是发展和实现脱贫减贫的基础。这是不同政治倾向的政党孜孜追求的目标，也是他们在各自国家努力维护的一项重要事业。没有这样的基础，各领域的投资和减贫政策的实施就不会实现既定的目标，注定无所收获。正如洪森首相所说，"没有和平和政治稳定，就不会有发展，更谈不上人权及民主"。

第二，制定清晰的政策、战略和计划，毫不动摇地推进改革，确保效率提升、权责分明、公开透明和社会公正。所有政党应在其政治纲领中把国家和人民的利益摆在第一位。必须破除引发社会不稳定的政治利益冲突和社会分裂，各方应从维护国家和人民利益的高度出发，通过相互体谅、团结友好和合作共赢的协调机制共同解决遇到的各类问题。

第三，依据柬埔寨王国政府过去和现在的经验，政府应从制度层面思考如何制定和落实社会保障政策。这项制度有助于在全社会范围内公平分配经济增长红利，有助于不断改善人民生活，促进社会和睦团结，最大程度减少贫困。

第四，要关注母婴健康，改善妇女儿童生活和营养状况，更加重视教育事业。这既是社会发展事业中不可或缺的一部分，也是我们要优先考虑的一项重要工作。教育和公共卫生领域的政策必须切合实际，发挥实际效果，产生积极成效。为了推动减贫事业发展，在洪森首相领导下的柬埔寨王国政府在出台的国家发展战略中明确了人才、道路、电力和水等4个首要目标。

此刻，我谨代表柬埔寨王国政府，对举办此次重要研讨会的中方各级领导特别是中联部和福建省全体领导表示高度赞赏。我们将坚决担负起政党的责任，共同努力构建一个和平、稳定、平等和可持续发展的人类社会。最后，我谨代表柬埔寨王国政府首相洪森亲王，祝愿中共中央对外联络部部长宋涛阁下、中共福建省委书记于伟国阁下，各位贵宾、女士们、先生们身体健康、诸事顺遂！

谢谢！

印尼民族觉醒党总主席 国会副议长　穆海敏
Muhaimin Iskandar
General Chairman of the National Awakening Party
Deputy Speaker of People's Representative Council of Republic of Indonesia

印尼民族觉醒党总主席、国会副议长穆海敏发言

　　我首先想强调的是，世界上所有国家都在新冠肺炎疫情笼罩下摸索前行。这场突如其来的灾难打乱了社会秩序和民众生活，让全球经济活动陷入瘫痪，其影响已经蔓延至经济、科学、技术甚至宗教等领域。

　　全球公民充分意识到，在新冠肺炎疫情影响下，世界正面临全球性衰退，如果不谨慎对待，我们的发展成就将毁于一旦，可持续发展目标将难以实现。联合国世界发展经济学研究院的研究结果显示，新冠肺炎疫情已经导致全球贫困人口突破11亿，预计有多达3.95亿人因疫情陷入极度贫困。如果各国政府不采取正确的战略性脱贫举措，那么全球减贫事业恐将倒退20至30年。这是我们都不愿看到的。

世界经济增长面临严峻挑战，印尼也未能幸免。印尼因疫情增加了163万贫困人口，贫困人口总量增至2642万人。面对困境，我们正竭尽全力推动经济复苏，成效已初步显现。印尼今年第二季度经济增速为 −5.32%，而第三季度已经回升到 −2.9% 至 −1.1%。

与会外宾观看主题书展

当前形势不禁让我们思考一个根本性问题，即疫情下，政党在摆脱贫困方面的责任何在？政党在制定国家政策中占据重要地位，必须发挥政治引领作用。具体要做什么呢？就是要帮助人民摆脱贫困的枷锁，实现社会公正。我认为，政党必须在帮助和带领民众提高生活水平方面体现担当和作为。

政党在协调民主与民生的关系中发挥着至关重要的作用。印尼民族觉醒党相信，只要有良好的治理，就没有贫穷落后的国家。推动一个民族进步、提出先进发展理念，主要依靠创造力，摆脱贫困同样如此。政党可以通过自身努力推动制定国家政策，成为摆脱贫困的有力领导者。

一个政党应该将改善民生这一政治愿景作为自身的核心要务。新冠肺炎疫情改变了社会、经济和政治秩序，让我们看到一个国家的贫困问题不是孤立存在的。印尼民族觉醒党在政府和国会履职的领导干部们坚信，国家的扶贫政策既不能零敲碎打，也不能左顾右盼，必须要在政策落地过程中坚持一个中心思想和多种实现方式，并不断进行创新和突破。

贫困和失业现象不断增加，越来越多的企业因疫情破产，这要求民族觉醒党投入斗争行动，践行政治宣言，履行社会责任，承担起人民赋予的使命。疫情期间，我们致力于在教育、农业和民生经济等3个领域体现作为。

第一，实施大众教育。疫情促使印尼不断探索完善教育政策。民族觉醒党相信，通过教育提高人力资源水平是打破贫困链的最佳途径。民族觉醒党提出发起"觉醒教育行动"和成立伊斯兰经学院教育基金，目的是降低疫情催生"失落的一代"的负面影响。

第二，发展农业。我们党高度重视农业发展。疫情下多数行业陷入负增长，农业却逆势上扬。我们认为，打破贫困链可从农业入手。实施资产再分配政策，解决农业土地纠纷，完善农业机构管理，制定农业上下游综合政策，这些都是政党可以在扶贫领域实施的具体举措。

第三，扶持民生经济。民生经济是受疫情影响最大的领域，涉及印尼全国约97%的劳动力。同民生经济关联最大的是中小微企业，他们是就业的风向标，在危机期间坚强生存。因此，我认为切断贫困链必须从助力中小微企业开始。在我们党敦促下，印尼政府已经拨款123.46万亿印尼盾（约合82.3亿美元）扶持中小微企业生存和发展。

最后，我想强调，只有政府、国会、政党都携手一致为改善民生而努力，民生政治的新目标才有可能实现。政党的重大责任就在于，必须根据民众的实际情况来制定政策。

马来西亚民主进步党主席、总理对华特使张庆信发言

首先，我谨向中联部部长宋涛、中共福建省委书记于伟国、中联部副部长郭业洲以及来自世界各地的政党代表致以诚挚问候。感谢中共中央对外联络部盛情邀请我出席此次在福建召开的主题为"摆脱贫困与政党的责任"这一及时而重要的国际研讨会。

消除贫困一直是国际社会高度关注的问题。2020年中国"两会"向世界传递了一个明确的信息：这个伟大的国家聚焦决胜全面建成小康社会，将扶贫作为促进国家经济社会发展和稳定的一部分。

令人惊叹的是，中国有望提前10年实现《联合国2030年可持续发展议程》的减贫目标。中国的经验和智慧为世界所瞩目，将成为其他国家开展各自减贫斗争的典范。

在马来西亚，我国政府致力于为占人口40%左右的低收入群体提供扶贫援助，旨在帮助贫困民众在这个充满不确定的时代抵御经济冲击。当前至关重要的一项工作是更新或修订各种补贴及财政援助计划，以应对新冠肺炎疫情的持续冲击。

然而，正如我们的祖先所说，"授人以鱼，不如授人以渔"。在我们的脱贫工作中，政府和民众之间的有效合作是确保改革能够加速实现的关键。

为了向贫困人口赋权，政府需要为贫困群体制定参与规划和战略。最关键的是向贫困人口聚集的社区转让先进技术，使其转化为可持续的经济增长；同样重要的是，这些政策必须根据扶贫工作的需要与时俱进；此外，还必须帮助低收入者转变心态，摆脱根深蒂固的贫困意识。只有用正确的教育和知识替代无休止的补贴，才能从根本上解决人们的贫困问题。因此，帮助贫困人口树立自力更生、开创未来的意识仍是扶贫工作最重要的一步。

简而言之，政府政策必须确保任何计划或援助都能使低收入群体真正受益，并为他们所接受；使受教育程度较低的民众也能切实感受到有关政策和计划的公开透明，并能够使之受益。

中国在消除贫困方面的各种成功案例为其他国家提供了可供借鉴

的生动范例。在政府的努力下，许多农村住房得到改造，道路得以铺设。许多其他基础设施也在政府改造计划的帮助下得到提升和改善。而基础设施的改善也会改变民众的思想，使其渴望进一步改善自身环境，缩小与城市的发展差距。

在马来西亚，国民联盟联邦政府和砂拉越政党联盟州政府在农村地区紧密合作——这些地区大多位于内地和内陆深处——以改善村庄的建设与发展。过去的几年里，许多交通条件恶劣的地区已经普及了道路网络以及水电等基本公用设施；与此同时，这些村庄居民的生活方式也发生了很大变化。政府在其中一直发挥着引领作用，比如，当这些贫困地区的农产品滞销时，有关政府机构会和市场批发商合作，收购这些卖不出去的商品。

与会外宾参观福州三坊七巷

我们也在积极发展农业部门，进一步发挥我国土地肥沃、自然资源丰富的优势。围绕如何进一步帮助农村居民增加收入、提高生活水平，已经规划了很多蓝图。同时，有关部门还在不断研究引进先进的农业技术，并协调将这些技术转让给农户，以增加农产品产量、改善作物管理、提高食品质量。这些举措将带来更多机会，鼓励更多人开设农产品下游企业，帮助我们的农产品融入国际市场。

最后，预祝本次会议取得丰硕成果，从而增进相互了解，以更加创新的观点、更加有效的方式应对贫困，也祝愿大家能共同克服全球疫情的挑战。谢谢！

南非非国大总书记　马哈舒勒
Elias Magashule
Secretary General of the African National Congress of South Africa

南非非国大总书记马哈舒勒发言

　　我们非常高兴接受邀请，出席这一具有历史意义的国际政党盛会。此次研讨会的召开正值第28个国际消除贫困日和第7个中国国家扶贫日，这是世界各国政党齐心协力共建人类命运共同体的里程碑。

　　贫困和欠发展是人类社会发展一大挑战。非国大认为，消除贫困是世界进步力量的首要任务，实现人类的可持续发展必须首先消除贫困。非国大领导集体也将消除贫困和实现人类可持续发展作为本党的战略核心任务，我们完全赞同中国共产党关于消除贫困和实现可持续发展的观点。因此，非国大愿意同世界进步力量一道，共同呼吁各国人民加强团结，发扬国际主义精神，携手消除贫困以及其他人类面临的共同挑战。

我们看到，在以习近平同志为核心的中国共产党的领导下，中国有7亿多人成功实现脱贫，建设了自由平等新社会，取得了举世瞩目的成就。中国的贫困人口从2012年年底的9899万人减少到2019年年底的551万人，非国大深受启发。这些前所未有的成就令人鼓舞，在此基础上，中国有能力在2020年年底前消除绝对贫困，全面建成小康社会，有望提前10年完成《联合国2030年可持续发展议程》的减贫目标。

我们非常高兴地看到，中国在致力于同世界各国加强合作共赢的同时，也在为全人类创造更加美好的未来。新冠肺炎疫情期间，中国有效地控制住了疫情，使得经济社会生活迅速恢复，同时积极推动国际合作，为世界上成千上万弱势群体提供帮助，这是世界进步力量展现风采的伟大时刻，也是我们为全人类更美好的未来作出贡献的伟大时刻。

新冠肺炎疫情蔓延，导致全球贫困人口数量激增，世界进步国家此时更需携手同行，促进经济复苏，建设可持续的粮食安全和公共卫生体系。作为政党，我们有责任、有信心携手共进，为使人类社会重焕活力、为建设更美好世界而奋斗。

再次感谢中共中央对外联络部和中共福建省委，为我们参与此次重要研讨会提供了机会，与我们分享消除贫困和实现可持续发展的有益经验和做法。我们可以建设一个更美好的世界，我们也期待着获得更多有益信息，非常感谢。

肯尼亚朱比利党总书记
图朱发言

　　所有政党存在的宗旨应该是为本国人民谋福祉。为了让人民生活有尊严，必须不断努力帮助其摆脱贫困。尊严意味着住有所居、学有所教、病有所医、温饱无虞，以及获得有尊严的生活的能力。中国人民摆脱绝对贫困，实现全面小康，这在人类历史上前所未有。中国共产党为此付出巨大努力，我们深受启发。

实现上述发展转型，通常需要一两代甚至许多代人的努力。中国之所以取得如此成就，归功于中国共产党在领导国家的过程中，坚定信念，久久为功。中国共产党领导中国摆脱贫困、实现小康，为其他政党树立了典范。中国共产党取得显著执政成就，我们愿致以诚挚的祝贺和良好的祝愿。

中国共产党带领中国人民脱贫致富的实践，让人深受鼓舞。脱贫致富也是肯尼亚朱比利党政府的愿景。虽然我们面临不同的挑战，比如提高人民识字和识数水平以及维护多部落、多民族国家团结，但我们深知，只有人民生活富足并与国家命运与共，才能实现真正的团结与和平。消除贫困正是实现和平共处的前提。

谢谢大家！再次祝贺中国共产党！

加蓬民主党总书记
布恩冈加发言

　　各国政府和政党都高度关注贫困问题，渴望找到有效办法摆脱贫困，提高人民生活水平，让全人类过上美好生活。本次在福建举行的"摆脱贫困与政党的责任"国际理论研讨会，让我们有机会共同关注贫困这一困扰各国人民和全人类的顽疾。受加蓬民主党主席阿里·邦戈总统委托，我怀着坚定的信念和饱满的政治热情，代表加蓬民主党在此向全体参会人员致辞。

在习近平总书记的领导下，中国实行脱贫攻坚政策，向世界各国和各政党表明了中方摆脱贫困的决心。保持党和人民群众的血肉联系，加强党风廉政建设、共青团建设和农村基层党建，加强文化建设和农民教育，推进国家工业化、农业和乡镇企业发展以及推动治理体系改革，这些都是中国为摆脱贫困做出的大量实践，令人敬佩。这些经验值得我们借鉴。

同样，加蓬民主党主席邦戈总统也在全力以赴地带领加蓬人民摆脱贫困。自2009年执政以来，邦戈总统始终强调促进就业，推动落实就业计划，加强社会保障，促进社会对话，改善创业环境，让加蓬走上摆脱贫困的道路。加蓬还实施了一系列配套政策和措施，包括扩大社保和全民医保覆盖范围，推进治理体系现代化改革，争取外国援助，推动可持续发展，鼓励投资等。这些都是我们为消除贫困作出的重大改革。在邦戈总统的领导下，加蓬还采取了加强公共债务管理、推广现代教育理念和方法、农村通电、开发可再生能源、发展农牧渔业、大力发展服务业、促进旅游业可持续发展、推动数字经济发展等脱贫举措。这些改革行动实实在在地为加蓬人民脱贫作出了贡献。加蓬民主党各级组织和全体党员都积极配合政府，认真落实脱贫政策。

加蓬对加中两国的互利合作感到非常满意。加蓬民主党主席邦戈总统和全体党员期待进一步加强加蓬与中国、加蓬民主党与中国共产党之间的团结合作，期待夯实以互利共赢为基础的双边关系。我们希望中方支持加蓬企业参与次区域项目，并加强两国战略合作伙伴关系。

加蓬民主党对中国党和政府为加蓬抗击新冠肺炎疫情给予的多种形式的支持表示衷心感谢。中方的抗疫援助不可或缺，让我们能够更好地控制疫情。

最后，我谨代表加蓬民主党，祝愿本次"摆脱贫困与政党的责任"国际理论研讨会取得圆满成功！

联合国开发计划署驻华代表白雅婷发言

很高兴代表联合国开发计划署参加今天的研讨会。

过去40多年,中国已使7亿多人口摆脱了贫困,约占同期全世界脱贫人口的70%以上,为在全球范围内实现早先提出的《联合国千年发展目标》中的第一项任务和当前的《联合国2030年可持续发展议程》的减贫目标作出了重大贡献。自 1990 年联合国开发计划署推出 "人类发展指数" 以来，中国在 2010 年成为第一个从低发展类别转为高发展类别的国家，是少数几个实现这一目标的国家之一。这些成绩值得称赞。我认为，中国在消除贫困方面取得的成功得益于改革开放以来持续的政治承诺和有效的政策。

过去 40 多年，消除贫困也是联合国开发计划署与中国合作的核心。我们与中国地方政府合作推进具体扶贫措施，并在中央层面沟通政策和战略，共同取得了许多骄人成就。例如，通过 2000 年年初启动的 "科技特派员" 项目，我们帮助农民获得环境友好并适用于当地条件的有关技术。该项目从福建开始，扩展到 31 个省区市，为中国数百万农民提供了支持。在政策层面，开发计划署还在中国发展的关键时刻提出了重要政策建议。在 "十二五" 规划的制定过程中，我们提供了相关技术咨询，以拓宽经济增长以外的发展理念和衡量标准，包括社会保障等方面。中国有针对性的精准扶贫方式为全球的减贫斗争提供了宝贵经验。联合国开发计划署也一直致力于与其他发展中国家分享中方的信息和经验。2005 年，开发计划署在中国协助创建了中国国际扶贫中心，一个全球减贫的知识中心。加之过去十年的南南合作和三方合作的推进，中国与伙伴国家之间的技术转让、知识交流和能力建设已经成为可能。

尽管取得了显著进展，但我们仍有大量工作要做。有一点必须保持警惕：贫穷不仅是收入问题，更是一个多层次问题。民众生计还经常受到其他问题的影响：如获得教育和医疗的机会、健康的环境等。新冠肺炎疫情表明，生活在贫困线以上的人仍然容易受到突发事件的冲击。世界银行估计，今年全球可能有多达 1 亿人重新陷入极端贫困。

我们需要继续努力，以确保那些已经摆脱贫困的民众不至于再度陷入极端贫困。特别是社会福利必须覆盖非正式岗位的工人，他们构成就业大军的大多数，并且受疫情影响最为严重，未来必须保护好他们的利益。这也是中国实现全面建成小康社会目标的关键一环。

作为回应，我们正在实施相关恢复方案，以帮助社区变得更有活力、更加坚韧，更好地砥砺前行。更加有力的重建举措还包括向弱势群体提供数字服务。事实证明，这些服务对数亿民众而言是一条重要的生命线——从扩大医疗系统的覆盖面，到通过电子商务渠道保障就业和获得基本商品。中国拥有强大的数字基础设施和经济体量，能够在促进经济复苏的同时增加商业机会。最关键的是确保每个人都能获得技术以及使用这些技术的技能，以避免出现新的鸿沟。我们未来战胜贫困的韧性和能力也取决于能否实现绿色发展，占全球40%的12

研讨会现场

亿个工作岗位有赖于一个健康、稳定的环境。在改善人类生活同时保护我们的地球，是《联合国2030年可持续发展议程》的宗旨所在。在后疫情时代，联合国开发计划署致力于帮助中国进一步实现上述目标。我们所有人——从政府部门到国际组织——都必须为一个可持续发展的未来共同努力，不让一个人掉队。

感谢中共中央对外联络部和中共福建省委组织此次重要研讨会，并预祝会议在帮助消除贫困方面取得圆满成功。

信守为民初心　砥砺脱贫攻坚

——国务院扶贫办党组成员、副主任陈志刚*在"摆脱贫困与政党的责任"国际理论研讨会上的发言

十分荣幸代表中国国务院扶贫办，以"信守为民初心　砥砺脱贫攻坚"为题作主旨发言。

反贫困是古今中外治国理政的一件大事，是各

---

* 陈志刚，2016.11 至 2021.2 任国务院扶贫办党组成员、副主任。

国政党、政府和社会各界的广泛共识，也是全人类的共同愿望。中国共产党始终将消除贫困、改善民生、逐步实现共同富裕作为重要使命。建党近100年来，中国共产党团结带领全国人民持续向贫困宣战，绘就了一幅气势恢宏的减贫画卷。从1949年新中国成立到改革开放前，我们革命性地改造旧制度，通过土地制度改革实现"耕者有其田"，成功消除农民无地这一许多国家致贫的主要根源和制约减贫的制度性障碍。从1978年改革开放到中共十八大前，我们开创性地将减贫与国家宏观战略紧密结合，颁布农村扶贫开发规划，确立开发式扶贫方针，划定贫困县和集中连片特困地区，建立从中央到县的四级专责体系，在每个层级形成横跨财政金融投入、基础设施建设和社会发展众多领域的议事协调机制，为大规模快速减贫打下制度基础。2012年中共十八大以来，我们以习近平新时代中国特色社会主义思想为指导，全面落实精准扶贫精准脱贫基本方略，消除绝对贫困的脱贫攻坚事业取得了历史性成就。农村贫困人口从2012年年底的9899万人减少到2019年年底的551万人，贫困发生率由2012年年底的10.2%下降到2019年年底的0.6%，连续7年每年减贫1000万人以上，贫困群众实现了不愁吃、不愁穿，义务教育、基本医疗、住房安全和饮水安全有保障，有望提前10年实现《联合国2030年可持续发展议程》确定的减贫目标，为全球减贫事业提供了中国实践。

近百年的接续努力、70余年的不懈奋斗和8年多的砥砺攻坚启示我们，中国成功走出一条符合国情的扶贫开发道路并取得显著成就，最根本原因在于坚持中国共产党的领导和中国特色社会主义制度。在这一历史进程中：

——我们党始终坚持为民宗旨，上下同心为人民谋幸福。中国共产党是人民的党，永远把人民对美好生活的向往作为奋斗目标。

习近平总书记作为党中央的核心、全党的核心，饱含为民情怀、坚守人民立场，确定到2020年现行标准下农村贫困人口实现脱贫、贫困县全部摘帽、解决区域性整体贫困的目标，创造性提出精准扶贫精准脱贫基本方略，作出打赢脱贫攻坚战的决策部署。中共十八大以来，总书记身体力行，亲自挂帅、亲自出征、亲自督战，50多次国内考察40多次涉及扶贫，在重要时点、重大场合反复强调脱贫攻坚，连续6年主持召开7次跨省区的脱贫攻坚座谈会，抓住阶段性特征、解决针对性问题，作出一系列重要指示，形成一系列重要思想。在总书记号令下，省市县乡村五级书记抓脱贫，全党动员促攻坚，贫困地区以脱贫攻坚统揽经济社会发展全局，脱贫攻坚成为全党政治任务高位推进。

——我们党始终发挥政治优势，统筹各方壮大攻坚合力。中国共产党是总揽全局、协调各方的党，能够充分调动党内外朝着共同目标尽锐出战。面向党内，建立并严格执行"中央统筹、省负总责、市县抓落实"的管理机制；突破行业领域和行政界限，改革创新各司其职、紧密配合的责任体系，上下联动、统一协调的政策体系，保障资金、强化人力的投入体系，先富帮后富的东西部扶贫协作体系，全党参与的中央单位定点扶贫体系。同时，面向各领域严格实施考核评估，严肃开展专项巡视，规范组织督查巡查和暗访调研，奖励先进、鞭策后进，既集中力量办大事，又严督实查成大事。面向党外，支持各民主党派中央开展脱贫攻坚民主监督，吸纳意见建议，共商对策良方。支持各民主党派发挥人才荟萃、联系面广的优势，动员社会力量广泛参与，引导民营企业助力发展脱贫产业。

——我们党始终注重减贫方略，科学治理确保脱贫成效。中国共产党是务实的党，强调在脱贫攻坚中贯彻实事求是的思想路线。我们全面落实精准方略，做到扶持对象精准、项目安排精准、资金使用精准、措施到户精准、因村派人精准、脱贫成效精准。按照"扶贫必先识贫"原则，自2014年起对农村贫困人口建档立卡，首次在6亿农村人口大国实现贫困分布、致贫原因、脱贫需求、帮扶措施到村到户到人，有效解决"扶持谁"的问题；严格"责任落实到人"要求，实行党政一把手对脱贫攻坚负总责，选派290多万干部驻村帮扶，有效解决"谁来扶"的问题；秉持"对症下药"理念，推进发展生产、易地搬迁、生态补偿、发展教育、社会保障等"五个一批"，真正帮到点上、扶到根上，有效解决"怎么扶"的问题；树牢"精准脱贫"目标导向，明确标准程序，严把贫困退出关口，组织第三方评估检查，保障脱贫工作和成果经得起历史和实践检验，有效解决"如何退"的问题。

——我们党始终尊重群众主体地位，引导激发脱贫内生动力。中国共产党是实行群众路线的党，一切为了群众、一切依靠群众，千方百计走好群众路线。我们强调"好日子是干出来的"，将扶贫与"扶志""扶智"结合，组织开展脱贫技能培训，引导群众自力更生、艰苦创业；我们持续改进工作作风，深入群众问需于民、问计于民，发挥基层干部群众首创精神，促进好经验好做法造福更多人民；我们善于发现并推广先进典型，用群众鼓舞群众、激励群众、教育群众，不断增添脱贫攻坚活力和生命力。

到2020年消除绝对贫困，是中华民族历史性的一页。但这不是终点，而是新的起点。我们还将继续解决相对贫困问题、继续为人民追寻美好生活贡献力量。长期以来，中国同国际社会在减贫领域密切交流、深入合作。面向未来，我们将携手各国朋友，为构建没有贫困、共同发展的人类命运共同体而积极努力！谢谢大家！

第三篇

分议题一：摆脱贫困与人类可持续发展

中国社会科学院农村发展研究所研究员吴国宝发言

中共十八大以来，党中央从推进国家发展和中华民族伟大复兴的战略高度谋划脱贫攻坚。充分发挥自身的政治和制度优势，紧密结合本国国情、国家发展目标和贫困特点，以持续创新推动脱贫攻坚，成功实现了脱贫攻坚的目标，同时也有力地加速了中国可持续发展进程。

中国创新国家减贫的理论和规划方法，将脱贫攻坚纳入国家经济建设、政治建设、文化建设、社会建设和生态文明建设"五位一体"总体布局。一方面以国家总体发展支持脱贫攻坚，另一方面通过脱贫攻坚促进和加速国家尤其是贫困地区的可持续发展。

中国创新并有效实施了精准扶贫精准脱贫的减贫理论与方法，解决了精准扶贫落地的组织、制度和方法问题。探索出入户调查、大数据和群众参与相结合的精准识别扶贫对象的方法；探索并构建了政府、市场组织与社会力量共同支持扶贫的资源投入和动员方式；建立起各级党委政府主要领导负总责，专业扶贫部门、行业部门和社会力量分工协作、齐抓共管的扶贫组织体系，并且在现有的以村支部和村委会为基础的基层治理结构中，引入了驻村第一书记及扶贫工作队，解决了扶贫基层治理的落地问题；探索出将扶贫和脱贫的内部考核与外部多方监督、评估相结合，以结果考核为中心、结果考核与过程考核相结合的考核评估制度；摸索和试验出可包容多种不同贫困类型的精准扶贫干预措施及其组合，包括通过直接创造机会和有条件现金转移支付等形式实现精准帮扶。

事实表明，脱贫攻坚不仅成功帮助中国减缓了贫困，也使中国即将提前10年完成消除绝对贫困的目标，有力地推进实现《联合国2030年可持续发展议程》减贫目标的进程。

中国在脱贫攻坚进程中，建立和实现了贫困地区农民基本医疗保障，创新出打破贫困与疾病恶性循环的有效方式，加快了实现人民全面享有健康目标的进程；通过教育扶贫举措，解决贫困地区和贫困户子女面临的教育可及性和教育负担问题，为最终实现包容、公平的高质量教育打下了有力的基础；将保障所有人获得安全饮用水作为贫困退出的约束指标,实施贫困地区《农村人居环境整治三年行动方案》,在一定程度上解决了贫困地区的生活垃圾处理和改厕等环境卫生问题,大大加快了中国实现为所有人提供安全饮用水和环境卫生目标的进程;中国制定和实施了"十三五"光伏扶贫计划,积极推动贫困地区的光伏、水电等清洁能源发展,推动了中国清洁能源的推广使用;通过在贫困地区发展依托当地资源的优势产业、建立扶贫车间、设立公益岗位等方式,为贫困户新增加了较大数量的就业机会;同时通过东西协作等方式帮助贫困劳动力获得了一定数量的外出就业机会,为中国实现充分的生产性就业作出了积极贡献;大幅度改善了贫困地区的交通、电力、通信、网络等基础设施建设,加快了中国基础设施建设的进程,改善了农村基础设施末端服务的能力;显著减缓了中国居民间、地区间和民族间的收入和发展能力不平等,推进了减少不平等的进程;通过易地搬迁扶贫和危房改造等项目,基本解决了中国贫困地区的住房安全保障问题,明显加快了中国实现建设包容、安全、有抵御灾害能力人类住房目标的进程;中国在贫困地区实施退耕还林还草工程,开展荒漠化治理遏制土地退化,有力地支持和推动了中国保护、恢复和促进可持续利用陆地生态系统的工作。

巴基斯坦驻华大使
莫因·哈克发言

　　首先感谢中共中央对外联络部和中共福建省委主办了此次会议，让我们齐聚一堂。今天要探讨的减贫和可持续发展议题非常重要。福建对中国经济发展和扶贫而言是至关重要的省份之一。今天上午，参加会议的各位嘉宾访问了福州三坊七巷，看到了传统和现代的美妙碰撞，看到了中国对于古迹的保护,以及为未来发展描绘的蓝图,也看到了中国发展旅游业的一系列做法,这既能可持续性地保护历史,也能可持续性地促进经济发展。

今天会议的召开正值中国即将完成全面脱贫攻坚任务并成功抗击新冠肺炎疫情之际。中国在实现经济增长的同时有效地应对了各类"黑天鹅"事件,充分彰显了中国独特的制度优势。对于中国共产党和中国政府来说,最为重要的是以人民为中心,也就是把人民的福祉置于各项政策的中心地位,政党以及国家机构作为人民的代表必须发挥表率作用,实现人民对更加美好生活的期望。对于国家来说,无论采用哪种治理模式,最重要的还是要有效回应人民的需求。

我很期待倾听其他嘉宾发言,也很期待明天去宁德考察。20 世纪 80 年代末,习近平总书记曾经在宁德工作,践行了他富有远见的一系列经济社会发展理念。在实现《联合国 2030 年可持续发展议程》目标的过程中,我们必须要继续努力工作,减少贫困,同时也要提高教育、经济和医疗水平,促进机会平等与社会流动,巴基斯坦与中国对此已达成共识,未来必须加强国际合作来实现这些目标。但要看到,我们两国也面临一系列挑战,例如疫情的政治化,对于特定人群的污名化,以及一些国家的一意孤行等。巴基斯坦也看到,无论联合国、文化发展机构还是世卫组织都面临许多挑战,巴基斯坦坚定地站在中国一边,愿加强国际合作来共同应对人类面临的共同挑战。

巴中两国建立了全天候战略合作伙伴关系,有着无与伦比的相互信任和尊重,两国人民心中根植了深厚的友谊。近年来,我们看到,巴中经济走廊的发展蒸蒸日上。我国总理伊姆兰·汗最近也强调,要实现巴基斯坦经济现代化,就必须抓住巴中经济走廊项目的机遇。中国使 7 亿多人成功脱贫,与此同时巴中合作伙伴关系不断在各个领域开花结果，巴中经济走廊日益发展壮大。这一项目在起始阶段是自上而下推动，仅限于基础设施建设领域，但现在巴中经济走廊已经成为一个成熟的机制，正在给人民带来实实在在的好处，包括健康、医疗、饮用水、技术培训和农业发展方面等，两国间的政治共识已经转化为政党间的友好合作。中国成功脱贫这一历史性成就证明了一个道理：如果要提高人民的就业水平，提供优质而稳定的就业岗位，就意味着人民必须要有尊严并享有公平机会。随着巴基斯坦进一步加强工业合作并融入全球价值链，同时加快城市化进程，我们也需要着手解决贫穷的根源性问题，所以我们正鼓励各类公司承担社会责任、制定发展战略，并与政府的脱贫计划进行衔接。就像毛泽东主席曾说过的那样，"一万年太久，只争朝夕"。尽管我们常常逆风前行，也面临许多批评和挑战，但是必须一往无前。我们将不负人民期待，不辱肩上使命，最终实现滴水穿石。巴基斯坦也期待与中国和其他友好国家一起加强合作、分享经验，帮助"弱鸟先飞"，实现人民福祉。

联合国国际农业发展基金驻华代表马泰奥发言

改革开放以来，中国经历了一个独特的经济增长阶段。高速经济增长已转化为显著的减贫成就、粮食安全以及各个层面的发展与改善。在收入增长的同时，中国的人口死亡率持续下降，预期寿命延长，初等教育在全国普及，粮食不安全和营养不良比例显著下降。

众所周知，中国的经济增长和减贫成就是由家庭联产承包责任制等一系列有利于加快农业现代化和工业化进程的改革开放政策所推动的。改善农业在促进经济增长、减少贫困方面发挥了重要作用。今天的中国是一个中等收入偏上国家。农业的现代化和商品化程度很高，绝对贫困现象有望在2020年年底前被彻底消除。

今天，我想就中国面临的新挑战以及2020年后的发展重点谈几点想法，同时提出一些建议。概括起来是三个重点、九个建议：

一是中国的经济增长正面临新挑战。过去引领中国经济增长的因素（资源密集型工业化、廉价劳动力从农业向工业的重新配置、基础设施投资、城市化、人口红利）已经不足以支撑未来增长。农业的竞争力越来越小。农村地区无法提供足够就业机会留住活跃的劳动力，农村人口特别是年轻人将向城市迁移，留下老年人和一些中年妇女。

二是中国脱贫攻坚也面临新挑战。虽然中国即将消除绝对贫困，但2020年后仍面临着解决相对贫困问题、减少脆弱性、防止弱势群体返贫、减少不平等、提升可持续性等新挑战。新冠肺炎疫情的教训之一，恰恰在于贫困人口和弱势人群受疫情影响更严重，脱贫难度更大。除此以外，一系列环境和气候变化问题也亟待解决。

三是中国在2020年后的发展重点应当放在以下三个方面：（1）维持减贫成果。减少脆弱性，防止民众致贫或返贫，减少对公共减贫的严重依赖；（2）缩小地域差距和社会不平等现象。缩小城乡、东西部省份、富裕地区和贫困地区，以及社会不同群体之间的贫富差距；（3）确保环境可持续性。农业部门仍有潜力通过加快该部门工业化、发展与农业相关的服务业来促进总体增长，这将在农村地区创造新的就业机会。

为此，我想为中国的"后2020年议程"提出如下建议：

一是设定新的贫困线。这反映了新的形势需要，逐步从"绝对贫困"概念转向"相对贫困"概念，并抓住贫困问题的"多面性"本质；二是减少反贫困补贴，将公共资源转向公共产品投资，以吸引贫困地区的私人投资；三是投资农村地区，创造就业和投资机会，从而留住农村活跃人口，实现城乡再平衡；四是关注农村地区的非农业创收机会。农业在农村地区吸纳剩余劳动力的空间有限，在农村地区应重点创造更多样化的非农创收机会，如服务业、旅游业、物流业、运输业、建筑业、本地创业、数字经济等；五是推动小农经济向现代农业的转型；六是扩大社会保障制度和低保覆盖面，保护新的弱势群体；七是着力推进污染治理和环境保护；八是使用多样化环境政策手段，更多利用市场机制（如定价、环境税、碳交易制度等）；九是推广可持续农业，使用污染少、可持续利用土地和水资源的技术，加强节水设施建设等。

联合国农业发展基金热切希望继续支持中国推进其"后2020年议程"，延续我们过去40多年为消除绝对贫困所作的贡献。

俄罗斯联邦共产党中央副主席、俄罗斯国家杜马国际事务委员会副主席诺维科夫发言

贫困是人类面临的规模最大、最危险的问题之一。新冠肺炎疫情暴发以来，全球贫困问题日益严峻。但显而易见的是，其中的主要原因并不在于疫情的全球大流行。贫困是资本主义的不良后果，不消灭资本主义则不可能克服这一难题。这也是为什

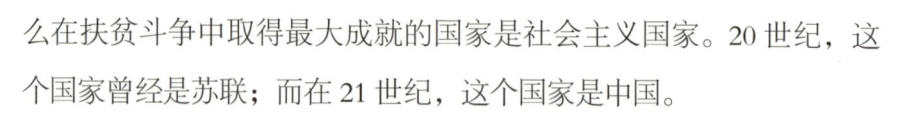

么在扶贫斗争中取得最大成就的国家是社会主义国家。20世纪，这个国家曾经是苏联；而在21世纪，这个国家是中国。

不平等、剥削、对自然掠夺的态度使世界处于更加严酷的危机边缘。因此，联合国将可持续发展确定为未来一个历史时期的主要目标。1992年，在里约热内卢举行的联合国环境与发展大会强调，经济增长不应对数百万人的生命及自然造成毁灭性后果。

苏联解体导致新自由主义盛行。世界资本主义大肆加强对发展中国家及西方社会自身的掠夺力度。福利国家的停摆导致其国内不平等现象激增。疫情前，全球就有半数民众生活在每天5.5美元的国际贫困线以下。

大规模贫困总是伴随着寡头资本的增长。乐施会数据显示，世界上1%的最富有者拥有的资产比剩下99%的人的资产还要多1倍，许多人无法满足自身最低生活需要。截至2019年年底，全球仍有约7亿人受饥饿困扰，逾20亿人无法获得干净的饮用水，半数居民无法获得高质量医疗救助。

联合国制定了具体的目标方向。2015年，世界193个国家通过了《2030年可持续发展议程》，涵盖17个全球性目标和169个任务，其中包括消除各种形式的贫困、消除饥饿并实现粮食安全、确保健康的生活方式、确保包容和公平的优质教育、减少国家内部和国家之间的不平等、促进持久包容和可持续的经济增长、促进充分的生产性就业和人人获得体面工作等。

但在共产党人看来，不消灭资本主义，这些目标就无法真正实现。疫情再次证明了这一点。资本主义国家正在遭遇最严重的经济与卫生危机，而本次动荡的牺牲者还是普通民众。根据世界银行预测，受疫情影响，至 2021 年年底，极端贫困人口数量将增长 1.5 亿，大部分新生贫困人口集中于原本就贫穷的国家。

儿童是最脆弱的社会群体之一。联合国儿童基金会公布了令人震惊的数据，疫情暴发以来，贫困儿童数量增长了 1.5 亿，总数达到 12 亿。劳动者是受疫情影响最大的群体。国际劳工组织指出，疫情导致全球劳动者收入大幅下跌。2020 年前三个季度，劳动者收入下降 11%。仅第二季度减少的工时，就相当于全球丢失了 5 亿个工作岗位。北美与南美受到的影响最大。

根据资本主义法则，一群人的贫穷是为了保障另一群人的富有。瑞士银行数据显示，在疫情危机的高峰，即四月至六月，全球亿万富翁的财富增长了 27.5%，达到 10.2 万亿美元，创下人类财富总量的历史纪录。亿万富翁的数量也达到了最多，总计 2189 人。但在抗击疫情的慈善领域，209 名亿万富翁仅仅筹集了 70 亿美元。

诺贝尔奖获得者斯蒂格利茨强调，世界上的贫困与不平等是自由的主要敌人。它们阻碍人的自我实现，在国家间与社会上制造隔阂感。美国学者威尔金森用统计数据证明，不平等程度较高的国家在居民寿命、儿童受教育程度、新生儿死亡率、谋杀率、囚犯人数等方面往往存在更大问题。贫困与社会极端化遏制了人类潜能，引发社会不稳定，影响国家发展前景。

俄罗斯也没有被排除在这一消极趋势之外。2020 年第二季度，俄收入低于最低生活标准的公民数量增加了 130 万，共达 1990 万人，这几乎是俄总人口的七分之一。俄居民实际可支配收入同比下降 8%。但即便是这些数据也无法揭示问题的全貌。比如，在国家统计数据中只计算了收入，而没有计算支出，而部分家庭收入的大头被用于还贷。

贫困问题无法自行得到解决，部分精准的措施也帮不上忙。要完成这一任务，必须作出涉及整个国家与社会活动体系的综合性决议。用马克思列宁主义的术语讲，应当解决的不是上层建筑，而是经济基础。

政党能够在扶贫工作中发挥重要作用。苏联共产党帮助数百万人脱贫的工作是一大成功范例。苏联人均寿命由20世纪初的32岁增长至20世纪50年代的68岁。十月革命后的40年，苏联婴儿死亡率降低了9倍。众多公民开始享受免费医疗与教育。

中国共产党在这方面也取得了杰出成就。改革开放以来，超过7亿民众成功脱贫，约占世界脱贫人口的70%。中国共产党成功的秘诀是采取综合性举措消除贫困。中国视脱贫攻坚为经济发展一大重要领域，将不断增长的经济实力投入到改善民众生活水平上，把全面脱贫作为国家发展的首要任务，制定并落实了《林业科技扶贫行动方案》《特色农产品优势区建设规划纲要》等特定领域扶贫计划，大幅提升了农民收入水平。提升教育水平是扶贫的重要方向，中国规定要降低城乡教育差距，优化贫困地区教学资源，拓宽学前教育覆盖范围。从1978年到2018年，中国高校由598所增长至2663所。医疗水平提升、交通基础设施建设、住房条件改善等在中国扶贫事业中也发挥了重要作用。

中国国务院总理李克强在第十三届全国人民代表大会第三次会议上指出，中国将确保实现脱贫攻坚目标，疫情不会阻止中国共产党带领中国完成这一目标。

联合国秘书长古特雷斯表示，中国在消除贫困上创造了世界纪录。中国是全世界的榜样。中国国家主席习近平在第75次联合国大会上呼吁各国重视可持续发展与贫困问题。2020年9月份举行的"联合国2030年可持续发展目标与中国减贫经验"线上研讨会也提到了这一点，所有与会代表均承认中国的扶贫成就。

越南在共产党领导下也取得了重要成绩。近年来越南贫困率年均降低1到1.5个百分点。古巴在医疗教育的可获得性和质量方面居世界领先地位。古巴人均寿命高于美国和世界大部分国家。

俄罗斯共产党奉行高效的扶贫战略，该战略体现在党的纲领性文件中。俄罗斯共产党人提出的扶贫措施，包括实现战略性经济领域和银行业国有化、复兴工农业、实施差额税率、改革社会政策等。这些综合性建议是保障可持续发展与消除贫困的有效途径。

尼泊尔共产党中央书记、前政府总理卡纳尔发言

非常高兴参加此次研讨会，衷心感谢中共中央对外联络部和中共福建省委主办此次会议并邀请我参加。当前，消除贫困是一个非常紧迫的话题，因为新冠肺炎疫情的影响，整个世界正面临多重经济困难。世界各国政府必须积极应对疫情，维持人民正常的生活和经济条件，为人民提供生活必需品。

在此背景下，政党能够发挥更大的作用，承担更大的责任。政党代表着民意，需要根据时代发展特点来管理国家事务。

我们注意到，目前社会上大部分财富都集中在少数人和公司手中，这种财富的集中与世界经济发展的不平衡，因为新冠肺炎疫情的蔓延而进一步恶化。根据世界银行统计数据，现在有7亿多人每天生活费不足1.9美元，有一半的全球人口挣扎在贫困线之下，他们每天的生活费不到5.5美元。整个世界从20世纪开始就在减贫方面不断取得进步，但这个趋势因新冠肺炎疫情的暴发而停止，这对穷人造成沉重打击，导致失业增加、存款减少、物价上涨和基本公共服务中断。2020年5月，根据世界银行的预测，2020年和2019年相比，世界陷入极端贫困的人数将会增加4000—6000万，新冠肺炎疫情可能会让全球的贫困率上升至9%左右。新冠肺炎疫情将会影响全球大部分地区

与会外宾参观福州市市民服务中心

的农村穷人，以及那些受教育程度不高的人，同时还会影响到在农业领域工作的人。对这些人来说，获得良好的教育、医疗、安全的饮用水、电力和其他重要的生活服务，依然是一个非常遥远的梦想。社会中的弱势群体已经受到了自然灾害的严重打击，也受到了气候变化和粮食不安全的影响，他们可能会因为新冠肺炎疫情的暴发而进一步陷入贫困。社会主义中国所作出的努力和贡献是史无前例的，特别令人瞩目的是，中国将会提前10年完成《联合国2030年可持续发展议程》的减贫目标。中国在过去70多年中取得的成就非常卓越，7亿多中国人摆脱了贫困，2019年年底贫困人口的数量已经减少到了551万，这个数字在2012年年底的时候还高达9899万。过去4年中，中国每年都帮助1100万人摆脱绝对贫困，并计划在2020年完全消除绝对贫困。中国在扶贫方面发挥了示范引领作用，这些都让中国广受赞誉，这些成就的取得源于富有活力的中国特色社会主义制度。

在尼泊尔，尽管政府采取了一系列措施，新冠肺炎疫情还是不断扩散，疫情带来的挑战和困难依然非常巨大，疫情的影响无处不在。尼泊尔的贫困线是每天生活费1.9美元，2010年贫困发生率是15%，这个数字在2019年下降到8%。如果我们使用每天生活费3.2美元的标准，39%的尼泊尔人在2019年都生活在贫困线之下，这和2010年相比下降了15个百分点。预计有31.2%的尼泊尔人之前的生活费是每天1.9美元到3.2美元，新冠肺炎疫情很可能使他们进一步陷入极端贫困。疫情导致存款减少、潜在移民的收入减少、非正式工作行业的工作岗位减少、生活必需品的物价上升，这些都会让贫困人口的处境雪上加霜。尼泊尔政府在尼泊尔共产党的领导下正在尽其所能对抗新冠肺炎疫情。最近尼泊尔共产党刚刚举行了常委会会议，建议采取进一步的措施，提出总体有效的行动计划，来更好地应对疫情影响。尼泊尔共产党和尼泊尔政府相信，通过在全国层面和地方层面采取协调一致的措施，我们能够更加有效地应对疫情。

和平稳定和多边合作对于抗击新冠肺炎疫情至关重要。各国之间采取多边合作，在医疗设备和研制疫苗方面加强合作是我们当前最为需要的。采取挑衅行为引发冲突的霸权主义行径，以及对民众痛苦的漠然态度，只会让我们在抗击疫情的过程中面临更多的困难和挑战。当前，各国政党非常有必要加强理念交流、增进团结。我认为本次会议的举办将取得非常有意义的成果，祝愿本次会议圆满成功，愿两国进一步深化友谊、理解和合作。

孟加拉国共产党（马列主义）总书记　巴鲁阿
Dilip Barua
General Secretary of Communist Party of Bangladesh (ML)

孟加拉国共产党（马列主义）总书记巴鲁阿发言

　　下面我想就摆脱贫困和人类的可持续发展发言。所有制这个概念最早出现在奴隶社会，贫困现象也由此产生。贫困一直都是人类生活的一部分，它存在于贫富差距中。要解决贫困问题，就必须解决不平等问题，因为这两个问题的解决方案交织在一起。但是在人剥削人的社会中，统治者认为贫穷是必不可少的，所以这样的社会无法完全消除贫困。新冠肺炎疫情暴发后，有些所谓的自由民主国家，在抗击疫情方面完全落后于社会主义国家，导致很多人对自由民主体制感到非常失望。

在旧中国，贫困也是社会生活的一部分。新中国成立之初，贫困问题仍然非常严重。在毛泽东主席的领导下，中国共产党秉持革命信念，在反贫困的道路上一路前行。在坚持社会主义道路的前提下，中国不断推进改革，实现了生产力现代化，提高了生产效率，并且有效减少了贫困。当然，中国也面临包括自然灾害在内的很多挑战，但是中国共产党不断将马克思主义中国化并且成功运用到实践中。中国的减贫经验具有中国特色，符合中国国情，这些都是建立在积极探索和广泛实践基础之上的。社会主义制度为中国的减贫事业提供了一个非常坚实的基础。在推行改革开放政策之后，中国开始大规模实施以国家为主体的发展规划和减贫计划。习近平总书记在福建宁德期间所做的工作非常出色。中国之所以取得减贫的巨大成就，就是因为党和政府高度重视，并且设置了非常清晰的目标。不仅如此，我们还看到，作为社会主义国家，中国的政治体制有能力应对自然灾害和其他任何灾害。中国政府制定了一套系统的制度安排，减少自然灾害所带来的影响，这些体系和安排不仅不会让人们陷入贫困，还有助于应对人民所面临的经济困境。

中国应对新冠肺炎疫情的成功经验，也向我们证明了中国共产党和中国政府在全球减贫事业中发挥的模范作用。之所以能够做到这一点，是因为中国党和政府的治理体系具有内在驱动力，并且有着良好的体制机制。全世界人民将会备受鼓舞地看到社会主义制度焕发出的新活力。在中国的努力下，约占全球 20% 的人口将摆脱绝对贫困。部分西方国家以及他们的追随者在抗击新冠肺炎疫情方面落后于中国。世界银行近期的一项报告指出，按照每天生活费低于 5.5 美元的贫困标准，由于新冠肺炎疫情的暴发，在东亚和太平洋地区，贫困人口可能会在 2020 年增加 3800 万，其中包括 3300 万本来可以摆脱贫困的人口以及 500 万再度陷入贫困的人口。

在对资本主义经济体制和社会主义经济体制进行比较后，我们会发现，社会主义经济体制在减少贫困方面要更加有效。国际社会普遍认为，习近平新时代中国特色社会主义思想是一种有力的理论和实践武器，能够加快社会主义事业的发展，更好地减少贫困。我相信世界社会主义运动将会得到进一步的巩固，以人民为中心的经济发展理念将得到更为广泛的认同，其包容性将会得到进一步加强，在减贫方面尤其如此。

泰国驻华大使阿塔育发言

很荣幸参加今天的研讨会，和大家分享泰国在脱贫以及可持续发展方面的经验。我认为贫困不应局限于收入水平，还应包含很多其他方面的重要内容，比如，无法享受医疗、教育、良好的生活条件以及公共服务等。如果仅仅局限于经济增长或者收入增长，并不能完全掌握贫穷的全貌，我们必须解决人类发展中的不平等问题。

泰国采取了全方位以人民为中心的方式促进发展、摆脱贫困,在国王的领导下,我们提出了"充足经济"理念,这一理念主要着力于发展理性经济并提高应对外部冲击的韧性,同时实现各方面的可持续发展。过去30年,我国国内贫困率从1988年的65.2%降至2018年的9.85%,人类发展指数也得到了极大提升,2018年增长至0.765,这已经高于东亚和太平洋地区的平均水平。这一重大进步之所以能够实现,是由于我们有相应的国内发展政策以及良好的国际经济环境。

泰国政府在推进包容性增长的同时,也推出了泰国4.0战略、东部经济走廊计划,还设立了经济特区,这些政策都帮助我们提供了更多就业岗位,提高了收入分配水平。我们加强了基础设施投资,包括数字基础设施建设,并推动科技创新。与此同时,泰国非常重视促进社会保障体系建设,织密社会保障网。2002年我们推出了全民医疗计划,让所有泰国公民在全生命周期都能享受到相应的医疗保障。2017年泰国政府推出了社保卡项目,目的是帮助低收入群体满足特别是在食物、公共交通等方面的基本生活需求。在人力资源发展方面,我们的小学和中学入学率已经达到了100%,这主要得益于国家的财政支出。我们还和19所高校合作,在技术革新项目框架下,使劳动力得到更好的教育,特别是帮助弱势群体获得教育,以便在后疫情时代应对技术冲击。

为了实现精准扶贫,有效提高人民生活质量,泰国政府启动了"大数据平台项目",其目的主要是通过一系列数据,即多方位贫穷指数系统,从五个维度识别泰国的贫困人口。这些指数包括民众的健康状况、医疗状况、教育收入、生活水平以及公共服务的可及性。我们要通过这些数据研究三个问题:谁是穷人?他们需要什么?

我们要做什么？

中国的精准扶贫取得极大成功，特别是在习近平总书记的领导下，中国取得了脱贫攻坚的巨大成就，对此我们表示由衷钦佩。中国政府一直以来都高度重视脱贫问题，设立了清晰的路线图和减贫目标，因地制宜采取不同脱贫方式。与此类似的是，泰国也在国内因地制宜推行不同的政策，泰国总理向中国领导人学到了很多经验，并多次提出，两国合作应该以扶贫为重要方向。2020—2022年，泰国将利用担任联合国经社理事会成员的机会，充分发挥自身在经社理事会中的作用，更好地促进国际扶贫合作，促进人类的发展，为实现后疫情时代的可持续发展作出积极努力。

巴布亚新几内亚单一民族党领袖、东高地省省长努姆发言

中共十八大以来，以习近平同志为核心的中共中央高度重视脱贫减贫工作，中国贫困人口由2012年年底的9899万减少至2019年年底的551万，并将于2020年实现全面脱贫。在以习近平同志为核心的中共中央坚强领导下，中国的脱贫减贫事业取得了巨大成就，对此我表示衷心祝贺和高度赞赏。

当今世界贫富差距不断扩大，不平等现象日趋严重，贫穷、饥饿、环境恶化、气候变化和新冠肺炎疫情等许多迫在眉睫的问题亟待解决。然而一些强国只在乎维护自身利益，对国际社会漠不关心，对参与和领导解决全球性问题退避三舍。

作为中国福建省的友好省巴新东高地省的省长，我多次访问中国，并目睹了中国经济社会快速发展。这些成就得益于中国共产党强有力的领导，也离不开中国稳定的政党政治制度和政策支撑。中国用很短的时间发展成为世界第二大经济体，跨越了众多发达国家用许多年才走过的发展历程，是广大发展中国家的领军者，是我们学习的榜样。

习近平总书记在担任福建省省长期间，本着为人类减贫事业作贡献的高尚情怀，亲自缔造了东高地省与福建省的友好关系。我于2020年8月30日向习近平主席致函，祝贺两省结好20周年。中国驻巴新大使薛冰向我转达了习近平主席的口头回复。习主席感谢我积极促进两省友好关系发展，指出地方交流合作是双边关系的重要组成部分，两省深化各领域友好交往和务实合作有力促进了中巴新全面战略伙伴关系发展，他对此表示支持。中巴新友好关系惠及东高地省人民，也有利于我们双方就共同关心的问题和发展规划加强交流互鉴。

巴新自然资源丰富，但1990年以来，贫困问题日益严重，经济发展不平衡，现人均GDP仅2386美元，属于中低收入国家。联合国开发计划署数据显示，75%的巴新人口以农业为生，650万人生活的农村地区缺电少医，超过37%的人口日收入低于1.25美元。巴新政府批准了《联合国2030年可持续发展议程》，以助力本国2050年远景规划，但因政府能力有限、财政管理不善、国内政局不稳、内外投资不足等，经济发展迟缓。新冠肺炎疫情给巴新带来严峻挑战，也将加剧食品短缺等贫困问题。为此，巴新政府推出了一揽子经济刺激计划，如支持中小企业发展、为失业者提供救助等，着力应对疫情冲击。

当前，东高地省面临民众收入少、失业率高、教育医疗服务不足等问题，亟须进行经济转型。省政府确定了三大发展重点：一是加强道路桥梁等基础设施建设，为公共服务、企业与市场之间的联通创造条件；二是继续发展农业，加大对相关农产品生产和出口投资；三是促进贸易投资，通过自然资源开采，吸引外资，创造就业，发展经济。

中国为世界减贫事业树立了榜样，东高地省作为巴新的一个小省，以同中国福建省的友好关系为荣，并希望以此为契机，学习借鉴中国发展模式，探索适合巴新国情的政策。中国发明的菌草和旱稻种植技术为东高地省乃至巴新全国解决粮食安全问题、减贫致富、提高人民生活水平作出巨大而积极的贡献。菌草技术也是中国—联合国和平与发展信托基金力推的重点项目，与实现脱贫、减少饥饿、推广利用可再生能源、扩大就业、应对气候变化等一系列发展问题密切相关。

让我们携起手来分享知识和经验，为全人类创造一个更加美好繁荣的未来，不让任何一个人掉队。同时希望中方能为巴新的农、林、渔业产品提供更为广阔的市场，让两国友好关系为巴新减贫事业提供更大助力。

伊朗伊斯兰联合党副书记尼克纳姆发言

首先，我要感谢中共中央对外联络部和中共福建省委主办此次关于扶贫的理论研讨会。

消除贫困是政治参与的起因和目的，这句话表达了人们普遍持有的信念：穷人往往被视为是被迫利用其周围环境谋求短期生存以及最容易受到自然资源退化影响的人群。要使扶贫项目真正回应穷人的需求，公众参与至关重要，需要一个充分代表穷人利益的政治参与过程。然而，只要穷人仍然贫穷，他们在争取公平代表方面就处于不利地位。

尽管贫困与政治参与的关系直观上能被感知，但其中所包含的诸多关系，我们目前仅能掌握部分，难以窥见全貌。我们认为，政治参与是一种规范社区层面的信任，特别是在经济和社会衰退不断加剧的农村地区。在当前农村地区普遍存在的贫困问题下，发展地方层面的信任关系是振兴的必要条件。

为了量化贫困、政治参与以及可持续发展的程度，并从经验上验证它们之间的联系，以及各方在减贫和可持续性方面的效果，我们必须回顾关于政治参与、贫困和可持续发展的大量理论文献，并进行细致入微的分析。

一个不断发展的政党的重要特征之一是关注社会中个人的经济行为，特别是他们知识和技能的积累，使他们能够提高谋生能力、增加收入，进而提高他们所处社会的生产力，增加财富。一个负责任的政党应努力推动投资知识和技能带来的经济回报，无论这种投资是针对个人的还是集体的。

一个不断发展的政党的另一个特征是社会等级的不断流动更新，精英家庭可以赋予他们的子女一种文化，这种文化使他们能够成功地维持自己的精英地位；但一些人也可以利用教育从非精英阶层转变为精英阶层。政党可以关注权力结构的复制方式，但政党对这种复制的效果只能作出解释，无法进行预判。

政党通过选举对社会经济产生的影响，在我们生活的许多方面都是强有力的，甚至是可以量化的。这些影响不仅包括社区自豪感，更包括犯罪率降低、健康状况改善、寿命延长、教育成就提高、收入更加平等、儿童福利改善和虐待儿童率降低、政府效率的提高以及通过增加信任和降低交易成本带来的经济成就等一系列可量化的影响。

政党可以创建具有共同规范、价值观和理解的网络，促进群体内部或群体之间的合作。我们可以把它看作是社会组织的特征，如网络、规范和社会信任，政党可以促进协调和合作，实现互利共赢。

我们看到，在中国这样的成功治理中，权力首先是义务和期望，这取决于社会环境的信任度；其次是信息在社会结构中流动的能力，以便为行动提供基础；最后是规范的存在，包括社会文化价值观、学习偏好、人力资本和劳动力、知识环境和社交能力、人类健康和预期寿命以及社会完整性和社会凝聚力。

政党有责任了解民众生计、资源使用、环境质量和政治权力关系以及政治网络的变化。政党必须采取行动消除贫穷、管理资源、阐明主体性和保护环境，并在特定的政治、经济、生态和社会结构范围内根据上述变化采取相应行动。

政治参与和经济增长有着显著的正相关关系。政党可以使人们集体参与有效的地方决策，更好地监督政府机构，为改进服务进行游说；一旦这些政治参与无法实现，人们就不得不向邻居、朋友和社区寻求非正式的帮助。

我们可以看到，中国共产党正在朝着这个目标努力，我们伊朗伊斯兰联合党也在努力实现这些目标并思考政党间的合作。借此机会，再次向中国共产党组织这次有益的会议表达最良好的祝愿。

欧洲左翼党第一副主席 莫 拉
Maite Mola
First Vice-President of the Party of the European Left

欧洲左翼党第一副主席莫拉发言

在中国共产党即将迎来建党 100 周年之际，我谨向中国人民致以诚挚的问候，向习近平总书记、中国共产党和中国政府致以崇高的敬意。非常荣幸能参与本次研讨会，并就消除贫困、人类的可持续发展等议题发表看法。

首先，请允许我祝贺中国最近几十年减贫工作取得的巨大成就。自 1949 年毛泽东宣布新中国成立以来，中国就致力于消除文盲、贫困，改善医疗卫生水平，这使得中国人的生活水平和人均寿命大幅提升，中国从一个比其邻国落后许多的国家发展成今天的面貌。为了巩固现有发展成就，中国在继续大力开展减贫事业的同时，也在保护环境和可持续发展领域进行着一场艰苦、不可或缺的斗争，这对中国和世界都有重要意义。

当我们讨论国际事务时，首先要搞清楚一个基本的问题，人和资本谁更重要？只有答对这个问题，才能在世界范围内真正消除贫困，保障发展的可持续性。此外，我们是否都认同只有通过全球合作才能消除贫困、实现可持续发展、让全世界人民过上有尊严的生活？我们是否支持各国相互合作，共同参与全球治理，以避免一些国家剥削其他国家？资本主义不能解答这些问题。同样，我们是否想避免各国制定导致"新冷战"的政策？我们是否想终结帝国主义主导下的全球化，进而建立一种社会主义的、各国相互扶持的国际经济秩序，以便各国人民过上小康生活？要想实现以上的目标，各国经济中战略性、基础性的领域必须公有。为此，我们应该制定民众参与经济事务的机制和机构，制定一些各国共同参与的项目，分享收益，避免一些国家攫取全世界的财富。但是，资本主义不会允许这样的局面出现。

新冠肺炎疫情在全世界的蔓延再次表明，只有各国通力合作，才能应对这样的世界性突发情况，因此，构建人类命运共同体具有重要意义。构建人类命运共同体的精神与联合国提出《世界人权宣言》时的初衷和精神是一致的，尤其在新冠肺炎疫情蔓延这个特殊时期，社会主义价值观、道德观显得更加重要。任何人不能在剥削他人的基础上攫取财富。我们要在社会和平的基础上谋求可持续发展，进而改变现有国际关系理念，建设和谐世界。为了彻底消除贫困，保障人的基本权益，我们需要新型国际关系，需要更加公平、互助、和平的国际关系。只有社会主义才能实现这些目标，资本主义绝不可能做到。

希腊左联党影阁外长卡特鲁加洛斯发言

首先，我要感谢中共中央对外联络部邀请我参与此次会议，这一会议具有全球意义。中国即将实现脱贫攻坚的任务，有望提前10年完成《联合国2030年可持续发展议程》的减贫目标。在历史上，从来没有哪个国家实现过这么大的进步和发展。20世纪70年代，中国还有7亿多贫困人口，而到

2019年年底这一数字已经下降到了551万，可以说中国创造了人类减贫史上的奇迹，全球减贫事业超过70%的贡献来自中国，特别是近10年的成绩十分突出。当然取得这样的成绩是需要有大量资金支持的，中国政府为减贫投入了大量资金，包括中央政府和地方政府，但是减贫又不仅仅依靠钱，还要考虑人民生活的方方面面，包括医疗、教育等，特别是在农村地区，而中国正是这样做的。

即使中国取得如此巨大的减贫成就，但全球的贫困情况依旧严峻，仍有许多人生活在贫困当中。在过去20年里，全球贫困人口数量仍在增加，而且因为新冠肺炎疫情的蔓延，如今有更多的人陷入贫困中。在一些非洲国家，全国80%的人口都是贫困人口。

保障就业是解决贫困问题的首要前提，但是在疫情现状下，失业人口在增加，贫困问题也在加剧。西方国家虽然富有，但是财富都集中在不到1%的人手里，这种不平衡的财富分配加剧了贫困人口的困境。2019年，希腊成为西方唯一一个由左翼政党执政的国家，我们也十分重视贫困问题。现在全球面临巨大挑战，发展的不平衡不仅仅体现在贫困问题上。我们只有共同努力，才能够真正构建人类命运共同体。摆脱贫困不是终点，更重要的是实现人的发展。世界各国政党要团结起来，我们党也希望能够加强与中国共产党的联系。

谢谢大家。

西班牙共产党主席
森特利亚发言

人类正经历着巨大的矛盾，尽管科学技术的发展和粮食生产能力的提升使结束饥饿和保障全人类的健康、教育和住房成为可能，但现实是数以亿计的人们仍生活在贫困之中。

马克思揭示了这一矛盾的根源。他认为，资本主义及其发展是建立在维持不平等和存在大量贫困的基础上，资本主义制度是一种使资本让少数人获得高额利润的制度。为此，资本主义制度创造了一个以经济手段为主的单极国际体系。大型跨国公司、像北约这样的军事组织和西方一些政治家们把联合国变成了大国利益的延伸，使其与建立的初衷渐行渐远。

因此，我们必须意识到，在资本主义单极体系中，对地球上数以亿计的人民、包括一些来自所谓第一世界的人民而言，贫困永远不会结束。因此有必要建立另一种社会、经济和国际体系，该体系的真正目的是将所有的科技进步用于改善全人类的生活条件，并以一种特殊的方式结束贫困。

为了建立一个和平、公平和平衡的世界，为了在世界范围内与贫困作斗争，需要开展一个伟大的工程。首先，我们需要建立一个旨在实现全人类共同目标的共同体，并帮助最弱小的国家，而不是向这些国家强加一个殖民主义国际体系。这样才能在通过谈判和协议解决国家间冲突方面取得进展，消除战争和对抗的潜在威胁，将军费开支转移到支持最贫穷国家的发展项目上。

同时，这一工程的重点是改善今天依然贫困的民众生活，无论他们生活在地球上什么地方。这个工程是面向全球的，所有国家和企业都可以参与其中，并对投资的方向提出建议。不仅要做到有利于经济和社会发展，还要可持续地保护环境。如果不考虑在尊重自然的基础上建立一个适合居住的地球，那么，一个没有贫困的未来注定是天方夜谭。

要在世界范围内继续开展消除贫困的伟大工程，还需要一个公平的金融体系，不能以过高利率和殖民主义性质的条件扼杀最贫穷国家的经济。因为在目前，一些国际金融机构给许多国家带来的外债已经成为阻碍其发展的高墙。

在"一带一路"倡议中,可以找到使人类摆脱贫困、并且在和平的世界中建设一个可持续发展世界的支柱。"一带一路"倡议可以为那些需要发展和消除贫困的国家注入新动能,同时也确保各项投资尊重自然环境。

值得一提的是,"一带一路"倡议不仅是一个连接基础设施的项目,同时也考虑了金融合作,如建立在相关国家平等基础上的国际银行,以及寻求文化合作。在新冠肺炎疫情席卷全球的背景下,"一带一路"倡议继续促进国家间的互利合作,团结全人类共同应对疫情给整个地球带来的健康和经济后果。"一带一路"可以成为环绕全球的大经济带,让经济资源和科技进步为全人类服务。

"一带一路"倡议不仅得到了联合国的支持,还得到了参加联合国各种机构的社会运动和公民组织的支持。接下来,我们将努力促使这一由中国推动、习近平主席在不同国际会议上呼吁的伟大工程尽可能多地被纳入政府会议的议程。这是相关国智库、科研机构、政党和政府的任务,因为他们最终负责实施那些适合每个人的需要和每个地区特点的具体项目。这些项目既要注意环境问题,又要对项目所在国公平。为了避免接受援助和发展贷款的国家出现新的难以承受的债务状况,这些项目应能够提供足够的食品并不断提升教育、医疗、文化发展的水平,使最需要的人受益。

我们需要推动各类研讨"一带一路"倡议的国际论坛和会议,这不仅是为了宣传"一带一路"倡议,更是为了帮助越来越多的国家加入其中。在这项伟大工程中,要持续打造具有多极特色的国际社会,在互惠互利的基础上构建人类命运共同体,让地球上千千万万的人摆脱贫困。

此外，我们必须帮助联合国恢复其创始精神，并强化世卫组织、粮农组织、教科文组织等各种国际组织的权力，因为这些组织正受到美国特朗普政府的攻击和质疑，美国正试图让世界回到冷战时代。而这些国际组织对执行能够消除世界贫困的社会政策非常重要，甚至是必不可少的。

简而言之，我们要将促进联合国及各种国际组织发挥更大作用与响应"一带一路"倡议结合起来，为建设一个新世界打开大门，在这里，贫困将会彻底消除，全人类将拥有一个可持续发展的世界。

波兰民主左派联盟党副主席 众议员 安杰伊·舍伊纳
Andrzej Szejna
Vice-Chairman of the Democratic Left Alliance-Labor Union and Congressman,

波兰民主左派联盟党副主席、众议员安杰伊·舍伊纳发言

当前，欧盟政策和整个全球化都岌岌可危，在这样历史性的挑战面前，我们的政治大家庭必须站在一起、共同面对。

欧盟委员会第一部关于欧洲气候法的提案旨在将欧洲绿色协议中提出的目标写入法律——欧洲经济和社会在 2050 年之前实现"气候中立"。这意味着欧盟国家整体上实现温室气体排放清零，主要方式是减少排放、投资绿色技术和保护自然环境。该法案旨在确保欧盟的所有政策都有助于实现这一目标，并确保经济和社会所有部门发挥各自的作用。

但在同时，波兰和全欧洲都明白，席卷全球的新冠肺炎疫情危机将在很长一段时间内影响我们的社会。现在，我们正处于危机时刻，必须优先拯救人类生命，加强我们的卫生系统，防止大规模的就业衰退。在遏制这些大冲击的同时，还需要通过启动一项经济和社会转型复苏计划来防止经济下滑和深度衰退的风险。

欧洲社会党大家庭迅速组织起来，协调行动，共同应对。来自我们民主社会主义的政府、总理、议员、市长和欧洲社会党成员组织都一直在努力工作，制定必要的措施来应对危机的冲击，并制定必要的恢复计划，以快速、可持续和公平的方式应对危机。我们的优先事项是拯救生命和挽救就业。我们的文件力图以简洁的方式重新归纳欧洲大家庭应当推动的一些关键措施，以遏制疫情冲击并规划经济复苏。我们既需要在国家和地方层面采取果断行动，也需要在欧洲层面本着全球合作的精神为整个欧盟采取果断行动。

作为欧洲的社会主义者和民主人士，我们需要继续进行斗争，确保此次应对冲击的管理和恢复计划是面向大众、公平公正的。我们需要一个能充分利用数字革命来应对气候紧急情况的计划。《欧洲绿色协议》和《欧洲社会支柱》现在是、将来也必须是我们集体行动的框架，并塑造我们欧洲社会的未来。我们需要一个确保每一步都尊重法治、民主和平等的政治进程。

这次的公共卫生危机再次证实了国家的作用，特别是福利国家对社会的重要性。过去10年来实施的新自由主义紧缩措施鼓吹收缩国家功能和削弱公共部门，包括卫生部门。这些措施使我们的福利国家变得虚弱，并且增加了失业率和贫困率；最重要的是，它意味着经济和社会不平等在不可持续地加剧。新冠肺炎疫情没有国界，只有通过欧洲共同解决方案，才能使欧洲变得更加强大和团结。紧缩不能成为克服危机或促进可持续发展的答案。当前的形势强烈提醒我们，我们需要加强社会内部、成员国之间和各大洲之间的团结，必须加强欧洲和全球的协调，重振福利国家，使这种团结更加有效。我们强调，与流行病和所有不平等现象作斗争需要强大的卫生系统，与疫情带来的经济衰退作斗争需要强大的社会安全网、完善的公共服务和充足的公共投资。

随着新冠肺炎疫情的全球大流行，整个世界正面临着千年一遇的挑战。这场危机对社会、经济和环境的影响才刚刚开始。报道称，目前全球约 68% 的劳动力生活在建议或要求关闭工作场所的国家，这些措施对他们的收入产生了直接的负面影响。预计全球非正式工人的贫困率将增加近 34%。世界经济正陷入衰退，而全球有超过 4.36 万亿家企业的经营领域分布在制造业、住宿业、食品和服务业、批发和零售业，不幸的是，这些行业受到疫情的冲击最大。这些数字令人震惊，如果政府和国际社会不采取坚决行动，这场危机不仅在欧洲，而且在每个大洲都将对人类的未来，对我们的健康、繁荣、和平与稳定，特别是对年轻一代的前景产生灾难性的后果。为了做好摆脱危机的准备，我们呼吁在团结基础上采取全球性、多边和协调的对策。现在不是各国单独行动或只考虑本国人民的时候，这一全球性灾难需要全球范围内的解决方案，现在比以往任何时候都需要各国共同努力。

第四篇

分议题二：中国脱贫攻坚与国际减贫事业

福建社会科学院哲学研究所所长张文彪发言

  中国摆脱贫困的最突出特点就是政党驱动,即由作为中国最高政治领导力量的中国共产党通过一系列方针政策,以及广大党员干部的积极响应和顽强奋斗来驱动实现的,全过程贯穿着人民立场。从这个意义上说,摆脱贫困的政党责任,其实质就是引领、保障和维护好人民追求幸福生活的基本权利。

"幸福是奋斗出来的"。20世纪80年代末90年代初，习近平同志在福建宁德工作期间写下了《摆脱贫困》一书，其中实干精神贯穿全书。他掷地有声地提出："我不主张多提口号，提倡行动至上。"《摆脱贫困》作为一种基础思想、一种政治立场，与党的十八大以来习近平同志关于扶贫工作的重要论述，有着一以贯之的马克思主义世界观和方法论，深刻体现着中国共产党人实干为民的宗旨和信念。

一、摆脱贫困是人民追求美好生活的基本权利，是政党赢得民心的基础

战胜贫困自古以来就是人类梦寐以求的理想，新中国成立以来特别是改革开放以来，中国共产党团结带领人民艰苦拼搏、接力奋斗，探索出一条中国特色社会主义扶贫开发道路。这是一条需要苦干实干、攻坚克难的奋斗之路，它彰显了中国共产党领导和社会主义制度的政治优势，以及中国特色扶贫攻坚制度体系的强大保障力量。

让几千万农村贫困人口生活好起来，始终是以习近平同志为核心的党中央最大的牵挂。习近平同志数十次深入贫困地区一线，考察指导脱贫攻坚工作。他曾讲到，"扶贫始终是我工作的一个重要内容，我花的精力最多"。22年前，《摆脱贫困》一书就把贫困地区如何战胜贫困问题作为追探一系列深层次理论与实践问题的现实起点，并旗帜鲜明地提出把摆脱贫困与党的群众路线紧密结合起来的观点。习近平同志指出："贫困地区的发展靠什么？千条万条，最根本的只有两条：一是党的领导；二是人民群众的力量。"在当年摆脱贫困的工作背景下，习近平同志始终强调必须使党的各项工作更为明确、具体地体现为人民服务的宗旨，并通过齐心努力揭示为人民服务的永恒生命力来自持续有力的摆脱贫困实践，实实在在地推进了在治理贫困中锻造以人民为中心的价值目标。今天，千百年来困扰中华民族的绝对贫困问题，即将在中国共产党人的不懈奋斗下画上句号，这是人类发展史上的伟大成就，是我们党执政为民的生动写照，是民心所向的真实反映。

二、实现摆脱贫困必须依靠执政党的真抓实干精神

摆脱贫困需要苦干实干的超常努力。中国共产党领导的摆脱贫困过程，始终贯穿着马克思主义认识论的实践观点。在这里，实践就是实干，就是克服各种困难的行动。在《摆脱贫困》一书中，习近平同志鲜明地指出："我是崇尚行动的。实践高于认识的地方正在于它是行动。"这里的"行动"概念，是习近平同志在具体的政治活动中对实践概念特殊体验和延伸式思考的结果，是对马克思主义认识论在领导决策工作中的具体应用与发展，它突出了在摆脱贫困中党领导人民群众战胜困难的强大行动力量和精神意志。党的十八大以来，作为党和国家最高领导人，习近平同志发表了一系列重要讲话，提出了许多治国理政的新思想，其中依稀透露出当年特定条件下提出的行动至上理念。行动就是担当，就是奋力前行，就是实干。习近平同志指出："全面建成小康社会要靠实干，基本实现现代化要靠实干，实现中华民族伟大复兴要靠实干。"

实践证明，摆脱贫困需要执政党拿出实干家的精神和踏石留印、抓铁有痕的干劲，以振奋的精神状态、扎实的工作作风，通过发展生产、易地搬迁、生态补偿、发展教育、社会保障等方式，锲而不舍、驰而不息，确保脱贫工作务实、脱贫过程扎实、脱贫结果真实；需要

突出强调在摆脱贫困的艰苦斗争中，党必须始终带领广大人民群众在坚定目标信念基础上一步一个脚印地艰苦跋涉的重大意义。习近平同志把这一过程形象地喻为"滴水穿石"："坚硬如石，柔情似水——可见石之顽固，水之轻飘。但滴水终究可以穿石，水终究赢得了胜利。"正是在这种精神的引领和感召下，当年宁德广大干部群众紧紧跟随着自己的带头人放胆开拓，不断进取。在不停歇的工作与对一个又一个摆脱贫困目标的追赶中，习近平同志与宁德人民结下了深厚情谊。这说明了一个道理：领导者的坚毅实干品格，可以凝聚起各方力量，最终实现战胜贫困的伟大目标。

阿塞拜疆驻华大使
杰纳利发言

  首先，感谢中共中央对外联络部和中共福建省委邀请我参加这个非常重要的国际研讨会，并给我交流的机会。此次研讨会的主题非常重要，因为2020年是中国脱贫攻坚战的收官之年。

  今天，我们可以满怀信心地表示，中国的减贫战略取得了空前成果，得到了国际社会的高度评价。

如果我们回顾中国政府在减贫事业中采取的措施，对相关成就进行比较，便可以对中国脱贫攻坚的规模形成清晰的认识。40多年前，中国改革开放伊始，有大量人口处在极端贫困状态。统计数据显示，1978年，中国共有约7.7亿人生活在贫困线以下，贫困发生率为97.5%。当时中国共产党的主要任务是改善这些民众的生活水平。

改革开放以来，中国采取了许多中长期举措来消除极端贫困，其结果是农村收入稳定增长，贫困人口迅速减少。为实现到2020年"贫困人口清零"的目标，中国一直在采取各种具有中国特色的扶贫措施，例如对贫困家庭提供财政支持、普及九年义务教育、完善社会保障体系、推进农业现代化、发展农村旅游业等。在"就业优先"的宏观经济政策下鼓励建设职业学校和培训中心、发展运输行业，推动农村地区和小城镇的电子商务发展。上述措施有效改善了全体中国人民的民生福祉。

此外，通过在减贫方面取得切实成果，中国还为《联合国2030年可持续发展议程》的实施作出了贡献。令人鼓舞的是，中国在脱贫攻坚上取得巨大成功的同时，还与很多国家分享经验，提供必要的援助。

消除贫困是《联合国2030年可持续发展议程》的首要目标，但其他16个目标对中国全面建成小康社会也很重要。我相信，通过与其他国家加强合作，深化伙伴关系，中国在这一领域上将取得更多成就。中国的战略和经验对国际社会十分重要。

作为国际社会负责任的国家，阿塞拜疆一直支持中国为消除贫困所作的努力。最近阿塞拜疆与中国在国家减贫方案框架内开展了一些合作项目。

2019 年 12 月，为支持云南省麻栗坡县的扶贫项目，阿塞拜疆盖达尔·阿利耶夫基金会启动了该县第二小学体育场的翻建项目。今年 3 月，该项目已顺利完工，阿方计划在未来继续推动类似项目落地。

同时，阿塞拜疆驻华使馆积极参加了由中国外交部组织的"大爱无国界"国际义卖活动，并通过捐款为贵州锦屏县和云南麻栗坡县的很多扶贫项目作出了自己的贡献。这些都是展现阿中两国合作和人民友谊的优秀范例。

我相信，只有通过合作与互助，我们才能根除世界上与贫穷有关的问题。阿塞拜疆随时准备朝这个方向进一步发展并深化与中国的关系。

最后，再次祝贺以习近平同志为核心的中共中央团结带领中国共产党和中国人民通过宏大的扶贫战略所取得的巨大成就，并祝中国在全面建成小康社会的征途中取得更大成功。

谢谢！

联合国儿童基金会驻华代表 芮心月发言

  联合国儿童基金会是一个致力于保护和促进儿童权利的组织，能够在这次会议中就中国消除贫困工作进行发言，我感到非常荣幸和高兴。

  过去40多年，中国的扶贫减贫工作取得了毋庸置疑的成功，大量人口摆脱了贫困，广大社区、家庭以及非常重要的儿童群体从中受益。这一成就

131

有助于《联合国 2030 年可持续发展议程》目标，特别是消除一切形式的贫困这一目标的实现。在南南合作模式下，中国可以用自己的成功案例与其他国家分享克服重重障碍消除贫困的经验，这一点非常宝贵。

减贫对儿童尤为重要，因为他们往往受到社区和家庭贫困的广泛影响。联合国儿童基金会在中国开展工作已有 40 多年，此间一直与中方在减贫领域开展合作。我们已经并将继续与国务院扶贫办合作，确定并解决贫困儿童面临的挑战；与教育部合作，增加从幼儿到青少年的教育机会和提升教育质量；与国家卫健委合作，扩大孕产妇和新生儿享有保健服务的机会并提高服务质量；与民政部合作，提升社会救助项目对儿童的关注，并试点推广"赤脚社工"模式；同时，我们与中央和地方政府广泛合作，确保处于最为弱势地位的儿童获得基本的供水、卫生设施和个人卫生服务。

为实现《联合国 2030 年可持续发展议程》的各项目标，中国仍需进一步努力。首先，联合国儿童基金会认识到，为进一步巩固和扩大现有成就，中国政府应更多关注留守儿童等群体，以多维度的衡量标准考察贫困，才能更好引导投资、确保公平发展。其次，受新冠肺炎疫情等因素的影响，现有成绩也会受到挑战。据联合国儿童基金会和"国际拯救儿童联盟"估计，自疫情暴发以来，低收入和中等收入国家生活在贫困中的儿童人数增加了 15%。为确保不让一个贫困人口掉队，我们不仅要减少贫困，更要使减贫工作可持续。为此，要以相对和多维的标准来考察贫困问题，建立新的系统来识别和解决城市贫困问题，持续改善社会保障体系，使之更好地覆盖儿童、移民等弱势群体。

联合国《儿童权利公约》的序言指出,家庭作为社会的基本单元,其所有成员,特别是儿童的成长和幸福的自然环境,应获得必要的保护,以充分承担它在社会上的责任。中国的减贫之路和迄今为止对贫困家庭的援助,对其他国家在此领域上的努力有着深刻的启示。因此,联合国儿童基金会期待着继续与中国在保护和促进儿童权利领域开展合作,并共同支持其他国家的儿童事业发展。

巴中学会执行主任
穆斯塔法发言

　　当前，我们已经看到了新冠肺炎疫情对贫困问题产生的影响，贫困人口在增加，各国减贫战略面临越来越多的挑战，对发展中国家或者说第三世界国家而言尤为明显。在疫情背景下，贫困可能是比新冠肺炎疫情更大的挑战。2021 年，中国共产党将迎来建党 100 周年，消除贫困是中国共产党最重

135

要的任务之一，这是中国共产党的初心，是中国共产党的各位创始人的愿景。

我曾经访问过中国贵州省，那里的减贫工作做得非常好。当地企业和政府合作，形成一种公私合作的模式。公司为当地人创造就业机会，当地人到新企业工作改善自己的生活。这是一条很好的经验。世界上许多国家，特别是人口众多的发展中国家，比如巴基斯坦，就可以将人口变成财富，培养掌握技术的产业工人或劳动力群体。了解中国所采取的减贫计划，并落实在巴基斯坦这样的国家，对我们来说是宝贵的启示。

"一带一路"倡议是习近平总书记和中国共产党的愿景，可以帮助其他国家实现减贫目标。巴中经济走廊就是"一带一路"倡议的旗舰项目。在这个项目中，巴基斯坦发展规划部和中国国家发改委合作，共同规划包括开展农村减贫研究在内的各种项目。这些项目关注缺乏技术条件的农村人口，为他们提供新的技能培训，使他们学习新的技术，这就能通过项目推广解决许多国家面临的贫困问题。当前一些经济体受到新冠肺炎疫情的巨大冲击，通过各类"一带一路"项目建设，可以改善当地民生。

在思考减贫的时候，我们必须了解中国的目标，以及中国想要实现怎样的可持续发展。一直以来，有许多误解中国的报道，以及反对中国共产党的宣传在全世界传播。有人说中国推行的是"新殖民主义"，但实际上中国共产党和中国的重要目标之一就是脱贫。中国共产党有9000多万党员，是世界上最大的政党。中国共产党推动中国实现经济发展，在摆脱贫困这一问题上没有任何一个国家做出过如此巨大的成绩，这就是中国共产党的底气。中国经历过沦为半殖民地的历史，又怎么可能向其他国家输出"新殖民主义"？很多国家都支持和赞成中国的立场：应该进行多边合作，而不是搞单边主义。我们也反对将疫情污名化。无论是在疫苗研发，还是在支持世界卫生组织、世界贸易组织等问题上，都要依靠多边主义，而不是相互指责，把其他国家和种族塑造成敌人。有的国家只看到自己和其他国家的不同，这是错误的。不同国家之间确实有分歧，但应该求同存异。我们的共同之处在哪呢？"一带一路"倡议就体现出了求同存异的理念。今天没有哪个国家或哪种制度可以单独解决世界面临的所有困境，必须要依靠团结的力量。

谢谢！

斯里兰卡共产党总书记维拉辛哈发言

  斯里兰卡共产党认为，全球贫困问题是人类共同面临的重大全球性问题之一。它和气候变暖、恐怖主义、社会不平等、难民危机等其他全球性问题一样，都对全人类的发展进步构成重大挑战。

  资本主义迄今已经发展了数百年，也曾经推动了人类社会的发展进步，但现在不仅让世界上为数众多的普通民众遭受苦难，而且所谓"新自由主义"模式还在让形势变得越来越糟。据统计，全球约有 8 亿人，即全球总人口的约 9% 仍然生活在极度贫困当中，他们每人每天的生活费甚至不到 1.9 美元。2020 年由于新冠肺炎疫情的暴发，全球绝对贫困人口还会增加 1.5 亿人。如果我们把标准提高到每人每天 5.5 美元的话，当今世界约有 42% 的人口都生活在贫困线以下，由于全球新冠肺炎疫情大流行的影响，这个数字还有可能增加到 50%。

过去 40 多年中，新自由主义的全球化让富人更富、穷人更穷。全球最富有的 1% 的人所占有的财富从 1980 年的 16% 增长到 2016 年的 27%，但是最贫困的 50% 的人所占有的财富却一直维持 9%，这就是为什么我们需要特别重视中国决战脱贫攻坚、决胜全面小康的重大成就。

过去 40 多年，中国成功帮助 7 亿多人摆脱贫困，占世界同期减贫人口的 70% 以上。2012 年中国共产党第十八次全国代表大会上，中共中央宣布将会在 2020 年实现全面建成小康社会，提出了新时期扶贫开发的战略指导思想，作为实现第一个百年目标的重点任务。2018 年 2 月，习近平总书记在打好精准脱贫攻坚战座谈会上的讲话中强调："打好精准脱贫攻坚战，是我在党的十九大报告中提出的三大攻坚战之一，对如期全面建成小康社会、实现第一个百年奋斗目标具有十分重要的意义。"习近平总书记还强调指出："党的十八大以来，党中央从全面建成小康社会要求出发，把扶贫开发工作纳入'五位一体'总体布局、'四个全面'战略布局，作为实现第一个百年奋斗目标的重点任务，作出一系列重大部署和安排，全面打响脱贫攻坚战。脱贫攻坚力度之大、规模之广、影响之深，前所未有，取得了决定性进展，显著改善了贫困地区和贫困群众生产生活条件，谱写了人类反贫困历史新篇章。"2019 年 4 月，习近平总书记在解决"两不愁三保障"

突出问题座谈会上的重要讲话中再次强调:"到 2020 年稳定实现农村贫困人口不愁吃、不愁穿,义务教育、基本医疗、住房安全有保障,是贫困人口脱贫的基本要求和核心指标,直接关系攻坚战质量。"

中国消除贫困的伟大成就举世瞩目,同时也掀开了人类历史的新篇章。按照现行标准,中国绝对贫困人口已从 2012 年年底的 9899 万人减少到 2019 年年底的 551 万人,仅占中国总人口的 0.6%,年收入 10 万到 50 万人民币的中等收入人口居世界首位,达到 4 亿人。中国家庭的恩格尔系数在 2019 年已经减少到 28.2%,同时中国农村地区已经百分之百用上了电力和洁净饮用水。

我们对中国所取得的成就感到非常钦佩,这充分体现了中国倡导的人类命运共同体理念,也是为什么中国能够推出投资额达到数千亿美元的"一带一路"倡议项目并迅速得到众多亚洲、非洲、欧洲和拉丁美洲国家衷心拥护且积极参与的重要原因。因为"一带一路"倡议就是通过深化政策沟通、设施联通、贸易畅通、资金融通和民心相通等措施,帮助沿线国家参与共同发展,实现共同繁荣。新冠肺炎疫情将对世界经济和各经济体产生巨大消极影响,同时也会让一些社会问题变得更加严重。这种严峻的现实情况需要各国政党做出正确决策以消除贫困。所以现在的问题是:是否能够认真回顾走过的老路,找到一条真正能够解决问题的道路?值得注意的是,当前全球 50% 的人口都在遭受贫困问题的困扰,而中国人民却将在 2021 年历史性地摆脱绝对贫困。斯里兰卡共产党认为:整个世界都有必要寻找一条适合自身的发展道路。

土耳其爱国党副主席
克莱伊发言

  世界各国政党都应当不断加强社会保障，提高人民的生活水平，但如果仅仅运用市场的力量是无法真正完成的。当然，市场机制可以最大化地解放和发展生产力，可以发展多种所有制经济，但更重要的是，一个国家发展经济应该有计划性，并且能够很好地贯彻执行经济计划。

国家应该在这个过程当中发挥领导性作用，政府应当拥有相应的财政和金融工具来推动经济发展，应该在推进改革的过程中更加重视提高生产力，通过扩大社会生产来满足国家和人民的需求，不能采取全面私有化的错误政策，因为那样只会把经济全部交到市场手中，彻底沦为资本的奴隶。一个国家只有制定和执行这样的政策，才更有利于真正消除贫困问题，才有可能在消除贫困的过程中确保人们获得维持基本生存所需的生产生活资料。

当前，土耳其的经济发展和社会环境也面临多重挑战。在教育、医疗、粮食等方面，我们主要还是依赖国内资源。保障人民所拥有的权利，扩大经济社会参与度，能够提高社会生产力水平。人们参加就业不应该只是为了解决基本的生活需要，更重要的是让人们参与到经济社会生活中去，这样才能使人民真正发挥主体作用，融入经济社会发展进程，成为经济社会发展的一部分。只有通过这样的方式，才能真正解决土耳其的贫困问题。

这个世界需要一个全新的国际秩序。在新国际秩序框架下，每个国家都能平等地参与国际合作，都能提高自己的生产力，都能从中获取应得的收益。"一带一路"倡议有助于推动国际合作，有助于创建新的国际秩序。"一带一路"倡议不仅能够推动设施联通、贸易畅通、资金融通等方面的国际合作，更重要的是能够促进政策沟通、民心相通，是一个思想交流、共同进步的国际多边合作平台。

再次祝贺中国在减贫工作方面取得的巨大成就，这为世界上其他国家提供了可资借鉴的宝贵经验。其他国家可以通过学习中国共产党进行科学长期规划、积极开展国际合作等措施，有效调动政府和人民积极性，更好推动自身发展进程，帮助更多人民实现摆脱贫困的夙愿。

埃及共产党总书记
萨拉赫·阿德里发言

《联合国2030年可持续发展议程》指出,消除贫困是最重要的全球挑战之一,也是最重要的可持续发展目标。截至2019年年底,全球仍有约13亿人遭受不同形式的贫困。本次会议选在国际消除贫困日前夕举行,具有特殊意义。

帝国主义国家曾长期殖民别国,对世界范围内的贫困蔓延负有主要责任。帝国主义国家还通过侵略掠夺各国人民的财富，阻碍贫穷国家的发展计划，使其背负沉重的债务负担，并导致极端主义、种族主义和恐怖主义在全球蔓延。

新冠肺炎疫情席卷全球后，消除贫困问题的重要性愈发凸显。疫情导致全球经济严重衰退，严重阻碍各国的发展计划，今年世界贫困率预计将大幅反弹，落后国家将会遭受更严重的后果。

消除贫困最切实的经验也许是持续了40多年的中国经验。在中国共产党领导下，中国成功地实现了脱贫奇迹，1978年以来累计使7亿多人脱贫。联合国报告显示，1978年至今，中国在全球减贫领域贡献率超过70%，特别是将扶贫置于优先位置以来，中国在消除贫困方面取得了巨大进展。

中国的经验对包括大多数阿拉伯国家在内的世界贫困国家具有启发意义。中东地区经历了冲突、战争和恐怖主义的升级，地区国家的经济社会危机进一步加剧。地区各国的贫困程度及致贫原因各有不同，但都应当从别国的成功实践中汲取经验，并将其与自身实际相结合。

埃及政府启动了"埃及2030年"可持续发展计划，其中就包括消除贫困。但是近年来，特别是过去4年里，埃及的贫困率仍在上升，其中2016年至2018年间上升了4.7%。这是由于在同一时期，埃及实施了经济改革计划，给国家和社会带来较大经济负担。尽管埃及在经济发展领域取得了进展，经济增长率很高，并且在基础设施和能源领域实施了重大项目，但工人阶级和贫困阶层至今没有像他们希望的那样受益，各省之间仍存在较大的贫富差距。埃及共产党认为，埃及可以从应对问题的复杂性角度出发，采取综合战略，从成功经验中受益，并采取具体措施将资源与贫困人口的需求有效结合起来，前提是政府在消除贫困中发挥主要作用，并将扶贫视为全面可持续发展的基础。根据官方统计，埃及文盲率达 25.8%，失业率达 11.8%，因此必须建立精准确定贫困人口的机制，努力消除文盲现象。我们重视当前中埃之间富有成效和建设性的经济合作，这有助于埃及实现发展目标，希望继续加强这种建设性合作，造福两国人民。

最后，埃及共产党再次感谢中共中央对外联络部和中共福建省委就摆脱贫困这一最重要的全球性问题组织本次会议。

巴勒斯坦法塔赫阿拉伯关系和中国事务部副部长伊萨发言

首先，请允许我转达巴勒斯坦民族解放运动（法塔赫）阿拉伯关系和中国事务部部长阿巴斯·扎齐对各位同志的亲切问候，祝愿此次会议取得圆满成功。我还要转达阿巴斯·扎齐部长对他的好朋友——中共中央对外联络部部长宋涛同志的亲切问候。借此机会，我谨向本次以摆脱贫困为主题的重要会议的组织方——中共中央对外联络部和中共福建省委表示衷心感谢。

改革开放40余年来，中国在摆脱贫困领域取得了伟大成就，逾7亿人成功脱贫。中国已发展为继美国之后世界第二大经济体，各领域均实现了翻天覆地的变化，特别是在农业、工业、科技、外贸、减贫、教育、人力资源开发、政治领导能力建设等领域。中国共产党坚持中国特色社会主义道路，这是中国和中国共产党取得上述伟大成就的决定性因素。作为世界第一人口大国，中国成功摆脱贫困并取得了伟大成就，有关经验值得世界各国特别是深受贫困困扰的阿拉伯国家研究借鉴。中国在减贫领域取得的成功与改革开放40余年来中国经济实现的飞速发展密不可分，中国国内生产总值已由1978年的3678亿元增长到2016年的74万亿元，年均经济增长率达9.6%，贫困发生率大幅下降。

中国在抗击新冠肺炎疫情领域取得的成就令世界各国由衷钦佩。中国通过现有医疗体系和强力措施成功控制病毒传播渠道，中国人民严格遵守卫生防疫指南，最终取得了抗疫成功。这充分体现出，中国在抗疫上的表现优于美欧国家。在对外关系层面，中国充分认识到疫情给全人类带来的威胁，主张通过国际合作抗击疫情。中国履行了自身义务，自武汉疫情暴发之初即向世界卫生组织提供了关于新冠病毒的全部信息，并先后向世界卫生组织提供5000万美元的捐款，用于支持国际抗疫斗争。此外，中国还向包括巴勒斯坦在内的150余个国家派遣医疗专家组、援助医疗物资。巴勒斯坦已接收中方援助的医疗防护设备，还迎来了中国医疗专家组，他们向巴勒斯坦医护人员传授了防疫经验。

召开以"摆脱贫困与政党的责任"为主题的理论研讨会有着十分重要的意义,因为中国在上述领域均取得了举世瞩目的伟大成就,我们愿意听取中国同志所作的经验介绍。

我们相信,作为中国特色社会主义的领导力量,富有创新精神和创造力的中国共产党在以习近平同志为核心的中共中央的领导下,必将汲取中国传统价值理念,使我们这个星球变得更加安全,最终实现各国人民的共同发展、和平共处和互利共赢。

祝愿会议取得圆满成功,祝愿中国人民不断取得新的进步和成功。

伊拉克共产党总书记法赫米发言

很高兴代表伊拉克共产党参加此次以"摆脱贫困与政党的责任"为主题的研讨会并进行发言。中国扶贫工作取得的伟大成就举世瞩目,伊拉克共产党更感兴趣的一点是:中国人民是如何在人类反贫困斗争方面写下精彩篇章的?

改革开放40多年来,中国在减贫方面取得了巨大的成就。世界银行发布的数据表明,过去40多年来,中国共有7亿多人摆脱了贫困,这意味着超过70%的全球贫困人口摆脱了贫困,2017年中中国的贫困发生率已经降到了不足 4%。到 2020 年年底，根据中国"十三五"规划，这个数字将会降到 0。这意味着中国有望提前 10 年完成《联合国 2030 年可持续发展议程》的减贫目标。

应当看到，中国是在全球化的背景下消除贫困问题的，这背后依靠的是中国快速且具有包容性的经济发展，也归功于让贫困人口自力更生、提高自身造血能力的扶贫政策，包括政府领导、社会参与、社会保障在内的中国扶贫战略，以及各种普惠性的、专门的和特殊的扶贫项目。习近平总书记在中共十九大报告中指出："坚决打赢脱贫攻坚战。让贫困人口和贫困地区同全国一道进入全面小康社会是我们党的庄严承诺""确保到 2020 年我国现行标准下农村贫困人口实现脱贫，贫困县全部摘帽，解决区域性整体贫困，做到脱真贫、真脱贫"。为此，中国一贯坚持贯彻落实具有中国特色的扶贫战略，包括产业扶贫、异地搬迁、低保兜底，以及大力发展农村基础设施和公共服务，如通电、普及义务教育、推广新农合医疗以及发展现代农业和生态农业、兴建职业培训学校、振兴交通事业等。不仅如此，中国还开展了很多创新性的扶贫举措。比如，通过网络服务，特别是电子商务促进对农村地区的扶贫工作，帮助那些贫困村庄和乡镇增收脱贫。

毫无疑问，中国成功减贫脱贫的经验值得其他国家学习借鉴，因为很多发展中国家也面临应对绝对贫困问题的艰巨挑战。对伊拉克来说，贫困问题是一个很大的挑战，特别是在新冠肺炎疫情全球大流行的背景下。伊拉克共产党提出了一系列社会经济措施和相关政策来改善人民的生活水平，致力于消除贫困事业。我们非常希望能够借鉴分享中国的减贫经验。中国的成功得益于充分发挥自身的政治体制优势，从而闯出一条具有中国特色的减贫道路，不仅在减少贫困人口方面为全球的减贫进步事业作出了自己的贡献，而且还向世界宣示摆脱贫困绝不是不可能完成的任务。

巴基斯坦正义运动党首席召集人顾问卡西发言

　　减贫的关键就是要直面贫困问题的源头所在，要以人民为中心，提出适合本国国情的减贫体制机制，这就是中国在减贫方面取得巨大历史性成就的重要原因。过去40多年来，中国帮助7亿多人摆脱了贫困，对全球减贫事业的贡献率超过70%。2020年是中国全面建成小康社会收官之年，中国将实现农村贫困人口的全部脱贫,也有望成为第一个实现《联合国2030年可持续发展议程》减贫目标的发展中国家。习近平总书记在中共十九大报告中提出,要坚决打赢脱贫攻坚战,确保到2020年中国现行标准下农村贫困人口实现脱贫。

当前世界正在遭受新冠肺炎疫情的影响,疫情给人类造成了巨大的伤害,很多人被疫情夺去了生命。疫情也给全球经济造成了巨大损失,不管是发达国家还是欠发达国家都受到巨大影响。但在新冠肺炎疫情全球大流行中,中国向世界证明了中国才是人道主义的领军者。中国不仅秉持"以人民为中心"的理念拯救无数人民的生命,取得抗击新冠肺炎疫情斗争的重大胜利,创造了人类同疾病斗争史上又一个英勇壮举,同时还以提供医疗设备、开展国际合作等形式积极支持其他国家抗击新冠肺炎疫情的斗争。中国在帮助对抗新冠肺炎疫情方面向巴基斯坦人民提供了很多帮助,包括捐助大量医用口罩、医疗设备等抗疫物资,还派遣抗疫医疗队到巴基斯坦实地指导抗疫斗争。

新冠肺炎疫情全球大流行对全世界都产生巨大负面影响,但疫情阻挡不了中国消除绝对贫困的历史进程。中国在摆脱绝对贫困道路上的英勇步伐并未因此放缓。中国领导人已经向世界庄严宣告:2020年年底,中国将不存在绝对贫困现象。

在此,我愿向中国人民和中国领导人致以最良好的祝愿,中巴友谊万岁!

意大利新丝路促进会会长 马林焦发言

首先，感谢中共中央对外联络部和中共福建省委共同主办这次重要的研讨会。

中国的经济发展历程是人类历史上最令人印象深刻的赶超故事。自 1978 年至今，中国已有 7 亿多人摆脱了贫困，占同期全球减贫人数的 70% 以上。消除贫困是中国共产党长期战略的重要组成部分，不仅是实现中国社会公平正义的基础，也是中国共产党建设中国特色社会主义的重要战略目标。因此，在中国共产党即将迎来建党100周年之际，完成脱贫攻坚任务、全面建成小康社会，实现中华民族第一个百年奋斗目标，显得尤为重要。

财富再分配能够促使社会低收入群体摆脱贫困，各阶层收入逐步提高，但贫富差距是在财富再分配中不可避免的现象。一些金融分析家认为，2025年中国将进入高收入国家行列，这足以证明中国人民正在走向共同富裕。财富再分配的进程是在全球范围内发生的，却呈现出财富不断积累、贫富差距扩大的对立效果：在新冠肺炎疫情暴发之前，世界银行报告指出，全球范围内贫困率的下降速度正在放缓，各方对实现《联合国2030年可持续发展议程》减贫目标的担忧正在上升。在中国帮助降低全球绝对贫困水平的同时，世界上创造了巨大的财富，但贫富差距却在扩大。乐施会的一份报告称，在2018年，超级富豪的总财富增加了12%，而世界最贫穷的一半人（38亿人）的总财富却减少了11%；最富有的1%的人掌握着世界总财富的47.2%，而世界上最贫穷的人的财富只有微不足道的0.4%，只相当于世界前26位亿万富翁的总财富。这意味着，在中国以外的财富生产并没有在所有阶层中进行合理的再分配。巨大的财富集中在少数人手中，凸显了当前资本主义经济体系的不公正和不可持续。

国际金融危机和新冠肺炎疫情危机将全球范围内存在了几十年的问题暴露在世人面前：人民群众的贫困化、福利国家的解体与社会财富集中在少数的寡头集团是同步发生的。因此，中国所实现的目标，不仅为消除本国贫困作出贡献，更为建设一个更加公正合理的世界作出实质性贡献。

谢谢大家！

**肯尼亚公共政策分析师、
美国非洲国际大学讲师
史蒂芬·恩代格瓦·姆万吉发言**

感谢主办方邀请我参加此次研讨会。在当前新冠肺炎疫情肆虐全球、世界正在发生深刻变化的重要关头，能够有机会参加由中共中央对外联络部和中共福建省委共同主办的"摆脱贫困与政党的责任"国际理论研讨会，我深感荣幸。

众所周知，过去40多年里，亿万中国民众在中国共产党的领导下从赤贫走向了体面的生活。尤其是中共十八大以来，中国减贫脱贫成效更是举世瞩目。据不完全统计，仅2013年至2019年，中国就有超过9300万农村人口摆脱了贫困。尽管新冠肺炎疫情给全球经济带来了挑战，但作为世界第二大经济体的中国仍有望按照习近平总书记的承诺，在今年年底前战胜绝对贫困。

中国是全球减贫脱贫的领跑者和当之无愧的冠军。这一观点得到世界各大金融机构的支持和印证。世界银行相关数据显示，从1990年到2015年，有超过7亿中国人摆脱了贫困。世界银行承认，中国所取得的这项成就，是大多数工业化国家花了100到150年才完成的壮举。

同时，中国也慷慨地同世界其他国家和地区分享自己的减贫脱贫经验。中国正努力通过"一带一路"倡议推动全球减贫事业。中国希望通过加强基础设施投资和区域合作，改善同"一带一路"沿线国家互联互通。根据世界银行数据，"一带一路"倡议有望帮助870万人摆脱绝对贫困，帮助3400万人摆脱中度贫困。

目前，非洲是世界上贫困人口最多的地区。非洲和中国在社会和经济等很多重要方面有共同之处。中国的减贫脱贫经验对非洲国家有重要的启示。和中国一样，非洲的农村也集中了大部分的贫困人口。非洲广大农村地区有丰富的动植物资源和独特的生态体系，在乡村旅游方面有巨大开发潜力。非洲农村完全可以学习中国，通过建立现代化的基础设施，利用这些资源来吸引大量国内外旅游者，改善当地经济状况。

我还听说,中国江苏省无锡市郊一个拥有约7000名居民的村庄——

山联村，在大约10年的时间里，通过大力发展现代化农业和乡村旅游业，使村民们的人均年收入翻了四番，在2019年达到了3.9万元人民币，其令人瞩目成就背后的经验和规律值得我们认真思考借鉴。

纵观中国近年翻天覆地的变化尤其是在减贫脱贫领域所取得的巨大成就，归根结底离不开中国领导人的远见卓识和坚强领导力。中共中央总书记习近平始终心系人民，在领导扶贫工作上不仅高瞻远瞩、英明决策，提出精准扶贫等重要理念，而且经常亲力亲为甚至走村串户了解扶贫产业和巩固脱贫的进展。习近平总书记多次指出，"脱贫摘帽不是重点，而是新生活、新奋斗的起点"，并明确要求巩固扶贫成果，推进乡村振兴战略。

中共中央政治局委员、中宣部部长黄坤明指出："中华民族历来具有扶贫济困的优良传统，我们愿与各方一道，为全球减贫事业尽其所能、助力添彩。"很不幸的是，现在非洲政党深陷西式民主恶斗怪圈，并没有真正考虑人民的福祉。看到中国共产党领导中国人民在中国特色社会主义道路上日益走向繁荣富强，我认为，我们非洲国家要想消除贫困，就应进一步加强非洲政党和中国共产党之间的合作，进行更加广泛和深入的交流互鉴。中国经验最值得借鉴的一点就是拥有坚强的领导核心，非洲也应该学习这一点。新冠肺炎疫情不应该成为贫困的借口，实际上对很多人来说贫困一直是生活的常态，但正是由于新冠肺炎疫情的存在，我们才有机会知道哪些国家拥有更为坚强的治理体系和社会制度。

谢谢大家！

第五篇
"宁德故事"分享会
——"宁德故事"背后有一个伟大的领导人和伟大的党

中联部副部长郭业洲主持"宁德故事"分享会

中联部副部长郭业洲： 尊敬的各位嘉宾，女士们、先生们、朋友们，昨天我们在一起进行了研讨，今天我们又一同参观了赤溪村、宁德时代新能源科技有限公司，并观看了宁德市摆脱贫困主题展。为了让各位嘉宾对习近平关于扶贫工作的重要论述在地方的具体实践有更加全面深入的了解和认识，我们特意请来宁德市委市政府的负责同志，在这里举办一场"宁德故事"分享会。

大家知道，福建是习近平总书记长期工作过的地方，是习近平总书记关于扶贫工作重要论述的发源地之一。20 世纪 80 年代，宁德是福建省最贫困的地区。习近平总书记在这里工作期间，带领宁德走出了一条具有闽东特色的脱贫致富之路，并且写下了《摆脱贫困》这一重要著作。通过今天的参观，大家对宁德的扶贫工作已经有了一定的了解和认知。这场"宁德故事"分享会的目的是帮助大家更好地理解和消化今天我们所看到的一切。首先，我们欢迎中共宁德市委书记郭锡文*先生就宁德经济社会发展、扶贫和党建工作等情况作主旨介绍。

---

* 郭锡文，2018.7 至 2021.5 任福建省宁德市委书记。现任贵州省人民政府副省长、省政府党组成员。

中共宁德市委书记郭锡文作主旨介绍

中共宁德市委书记郭锡文：各位领导、各位嘉宾，女士们、先生们、朋友们，大家下午好！

在这丹桂飘香的金秋时节，我们十分高兴迎来了这么多远道而来的贵宾。首先，我谨代表中共宁德市委、宁德市人民政府和352万闽东人民，向各位使节、各位领导、各位嘉宾的到来，表示热烈的欢迎和衷心的感谢！

宁德俗称闽东，是一座宁安德福之城，也是福建省最年轻的城市，今年正好是宁德撤地设市20周年。宁德是有福之地。宁德是习近平总书记曾经工作过的地方，也是习近平新时代中国特色社会主义思想的重要萌发地。宁德是山海宝地。宁德陆域面积1.34万平方公里；海域面积4.46万平方公里，大陆海岸线1046公里，均约占全省的三分之一，特别是坐拥"世界不多、中国仅有"的东方大港——三都澳，50万吨级巨轮可全天候自由作业。宁德是风景胜地。四季分明、气候宜人，处处是风景，拥有太姥山、白水洋、白云山、九龙漾四个核心景区构成的世界地质公园，是中国东南沿海休闲度假旅游的胜地。宁德是生态绿地。生态环境质量常年保持全优，森林覆盖率达 69.81%，是福建省沿海最"绿"的城市。

下面，我从三个方面向大家简要分享宁德故事。

一、"摆脱贫困"的宁德历程

第一个阶段：跨过温饱线（1988—1990 年）。20 世纪 80 年代，闽东有 77.5 万贫困群众人均纯收入低于 160 元，徘徊在温饱线上，约占当时全区农村人口的三分之一；9 个县中有 6 个被认定为国家级贫困县，120 个乡镇中有 52 个被列为省级贫困乡镇。最典型的就是赤溪村的下山溪自然村，当时群众住的是茅草屋，点的是煤油灯，吃的是地瓜饭。1988 年 5 月，习总书记刚来宁德工作时，当时的干部群众希望总书记帮助多上几个大项目，短期内改变宁德的发展面貌。但总书

"宁德故事"分享会现场

记经过调研以后认为,闽东最大的发展实际就是贫困落后,老百姓最大的愿望就是摆脱贫困。因此,总书记将摆脱贫困作为当时宁德地委的中心工作,大力倡导"滴水穿石"精神、"弱鸟先飞"意识、"四下基层"制度和"行动至上"作风,带领闽东人民毅然决然向贫困宣战,这充分彰显了习近平总书记实事求是的作风和为民务实的情怀。确定摆脱贫困这个中心任务后,总书记在思想观念上,强调"扶贫先扶志",增强群众脱贫致富的信心和韧劲;在脱贫路径上,坚持"因地制宜",大念"山海田经",走发展大农业的路子;在组织保障上,加强农村基层党组织建设,提升脱贫一线的核心力量;在作风建设上,强调要"滴水穿石、久久为功",一年接着一年干下去等等,形成了一整套的脱贫思路和措施。1990年5月,习总书记调离宁德时,绝大多数贫困户温饱问题已基本得到解决,"一方水土养不活一方人"也彻底成为宁德历史。当时的《人民日报》还专门刊登"宁德越过温饱线"的报道,从侧面反映了宁德的脱贫成效。离开宁德后,习总书记把在宁德工作时的部分讲话、文章集结成册出版,并取名为《摆脱贫困》,其中许多富有创见的理念、观点和方法,至今对我们推动扶贫开发等各项事业发展仍具有重要指导意义。

第二个阶段:蓝图绘到底(1991—2012年)。解决温饱问题的宁德人民,大力传承弘扬习总书记留下的好思想、好传统、好作风,坚持一张蓝图绘到底,一棒接着一棒干下去,跑好扶贫开发事业的"接力赛"。在产业发展上,坚持"靠山吃山唱山歌、靠海吃海念海经",大力推进农业综合开发。在居住条件上,我们按照总书记的要求,在全国率先实施"造福工程",完成造福工程搬迁40多万人,并推动2.3万连家船民全部上岸、安居乐业。在这一阶段,宁德农民人均纯收入从1990年的603元增长至2012年的8828元，提升了近14倍，并顺利摘掉了"连片特困地区"和6个"国定贫困县"的帽子。

第三个阶段：打赢攻坚战（2012年至今）。正如习总书记给这次研讨会的贺信中指出的，"消除贫困、改善民生、实现共同富裕，是中国特色社会主义的本质要求，是中国共产党的重要使命"。党的十八大以来，以习近平同志为核心的党中央把消除贫困摆在治国理政更加突出的位置，创造了人类减贫史上的中国奇迹。在这一阶段，宁德市围绕决战决胜全面建成小康社会，坚持"精准"这一方略，走出了一条具有宁德特色的扶贫开发路子，形成了扶贫开发的"宁德模式"。重点突出"三个精准"：一是突出精准识别。对贫困户进行严格甄别，着力脱真贫、真脱贫。二是突出精准项目。因地制宜、因户施策，开展"一户一增收"产业扶贫行动，选准最适合群众发展的产业项目，

"宁德故事"分享会现场

使96%以上贫困户都有一项以上脱贫项目。三是突出精准措施。项目确定后,就按照"缺什么就帮什么",采取精准措施给予帮扶,大力推行金融扶贫、科技扶贫、龙头带动、能人引路、电商扶贫、品牌扶贫、文化扶贫、医疗救助、助学扶贫、社会帮扶等10种扶贫模式,确保群众稳定脱贫。截至目前,全市所有现行标准建档立卡贫困群众全面脱贫,所有贫困村和省级扶贫开发重点县全部退出,顺利完成了习总书记交付的"摆脱贫困"历史使命。党的十八大以来,习总书记先后通过作出重要批示、视频连线、给乡亲回信等形式,3次对宁德扶贫工作给予肯定、作出指示,极大振奋了我们打赢脱贫攻坚战的信心和决心。这些年,扶贫开发的"宁德模式",吸引了老挝、柬埔寨、越南、南非等国家政党前来学习考察,来自宁德一域的扶贫经验为世界上其他国家脱贫工作提供了有益借鉴。

二、"弱鸟先飞"的宁德实践

习总书记在宁德工作时,将贫穷落后的闽东形容为"一只'弱鸟'",并指出"弱鸟可望先飞,至贫可能先富"。30多年来,我们沿着习总书记开辟的路径和指引的方向,唱响了"弱鸟先飞"的奋斗赞歌,经济社会各项事业都发生了翻天覆地的变化。

一是坚决走好乡村振兴之路,推动群众加快从脱贫走向致富。在解决绝对贫困问题后,我们牢记习总书记"努力走出一条具有闽东特色的乡村之路"殷切嘱托,统筹推进产业振兴、人才振兴、文化振兴、生态振兴、组织振兴等"五个振兴",着力解决好相对贫困问题。重点把产业振兴摆在突出位置,按照规模化、标准化、品牌化、信息化、企业化的"五化"思路,大力发展茶叶、食用菌、果蔬、中药材、畜禽、水产、林竹、花卉苗木和乡村旅游业等"8+1"特色产业。同时，通过市县领导、乡村振兴指导员、科技特派员挂钩帮扶306个产业薄弱村全覆盖，推动产业薄弱村、村财薄弱村发展，确保乡村振兴"一个都不能少"。近两年，宁德市农林牧渔业总产值和农村居民人均可支配收入增幅都位居全省前茅。

二是坚持抱好"金娃娃"、发展大产业，构筑起高质量跨越式发展的"四梁八柱"。2010年9月，习总书记回到宁德视察时，看到宁德的基础条件逐步成熟后，又对我们提出了"多上几个大项目，多抱几个'金娃娃'，加快跨越式发展"的殷切期望，由此开启了宁德工业现代化的新征程。这些年来，我们按照习总书记的指示要求，接二连三抱上了宁德时代、上汽集团、青拓集团、东南铜业等"金娃娃"项目。依托这几个龙头企业的强大牵引力，我们先后吸引集聚200多家上下游企业，培育形成锂电新能源、新能源汽车、不锈钢新材料、铜材料等四个具有国际竞争力的产业集群。同时，通过引进关联项目，打通龙头企业相互之间的协同通道，把四大主导产业串联起来，推动产业之间高效循环；通过加强顶层设计、全域布局，实现四大主导产业在各县（市、区）全覆盖，现在不仅沿海有千亿级别的产业龙头，原本工业产业仅十多亿元的山区县也都有了百亿规模产值的产业项目。当前，在四大主导产业的引领下，宁德工业经济已经形成"3个4000亿以上"的滚动接续态势：即目前全市工业总产值4000多亿元，正在建设的重点项目达产产值4000多亿元，正在洽谈对接的项目达产产值4000多亿元，再过几年宁德将阔步迈入"万亿工业时代"。

三是始终"把心贴近群众"，不断增进人民群众的获得感幸福感。

习总书记在宁德工作期间，带头"四下基层"、访贫问苦，"全心全意、尽心竭力、坚持不懈为人民办事"，为我们树立了标杆和榜样。近年来，我们树牢以人民为中心发展思想，每年将80%左右的财政支出投向民生领域，着力解决群众普遍关心、诉求强烈的民生问题，让群众的生活越过越好。在民生事业上，近几年，我们谋划实施教育、医疗与卫生、养老和城乡民生基础设施等领域短板项目近3000个、总投资近700亿元，有效缓解了群众"上学难""看病难""养老难"问题。在基础设施上，实现县县通高速、镇镇通干线、村村通客车，群众出行更加方便快捷。在人居环境上，扎实推进"一革命四行动"，全市2137个行政村改厕改水、生活垃圾处理和104个乡镇污水处理设施全面完成，走在了全国前列，2019年全国人居环境整治暨"厕所革命"现场会还在我市召开。在生态建设上，坚持开发与保护并重，一体推进"治山、治水、治气"，着力打好"蓝天、碧水、净土"保卫战，全市重点流域优良水质100%，县级以上集中式饮用水水源地水质达标率100%，中心城区空气质量优良天数比例100%。同时，在省委、省政府的大力支持下，下定决心开展海上养殖综合整治，用两年时间清理和升级改造渔排总数达138万口，将过去的传统木质泡沫

与会代表参观赤溪村

网箱全部改造成环保塑胶渔排,不仅三都澳海域重现碧海清波的美丽景象,而且提升了养殖产量和质量,老百姓得到了更多的实惠。

党的十八大以来,宁德GDP先后跨过2个千亿大关,从2011年的933亿元提升到2019年的2451.7亿元;人均GDP连跨5个万元大关,从2011年的3.3万元提升到2019年的8.4万元。特别是今年以来,面对突如其来的新冠肺炎疫情,在习总书记的亲自指挥下,在党中央的坚强领导下,在省委、省政府的有力指导下,我们统筹抓好疫情防控和经济社会发展工作,迅速遏制住了疫情,并加快恢复生产生活秩序,推动经济运行回归正常轨道。今年上

与会代表参观摆脱贫困主题展览馆

半年,全市经济增长延续这两年领跑全省的强劲势头,生产总值、规上工业增加值、一般公共预算总收入、地方一般公共预算收入、城镇与农村居民可支配收入等6项指标增幅均位居全省第一。

三、"滴水穿石"的宁德启示

"闽东事,天下理"。宁德30多年的发展变化,充分印证了习近平新时代中国特色社会主义思想的实践伟力,也从一个区域充分展示了中国共产党领导的政治优势,充分彰显了中国特色社会主义的制

度优势。

启示一：必须始终沿着习总书记指引的方向走下去。宁德30年的发展变化，最根本归功于以习近平同志为核心的党中央的坚强领导和习近平新时代中国特色社会主义思想的科学指引，归功于习总书记当年打下的坚实基础，归功于习总书记一以贯之的关心厚爱。我们要始终沿着习总书记为宁德发展指引的方向坚定前行，以实际行动增强"四个意识"、坚定"四个自信"、做到"两个维护"。

启示二：必须始终加强党的建设。中国共产党是办好中国一切事情的核心力量。我们要毫不动摇坚持党对一切工作的领导，不断加强党的建设，构筑更加坚强有力的战斗堡垒，锻造更加务实担当的干部队伍，坚定不移推动党中央决策部署在宁德落地生根、见到实效。

启示三：必须始终坚守为民初心。中国共产党的初心和使命，就是为中国人民谋幸福，为中华民族谋复兴。我们要始终把心贴近人民，以"我将无我、不负人民"的精神境界和担当意识，全力以赴为人民办实事办好事，努力让发展的成果更多惠及人民群众。

30年前的宁德积弱贫穷，30年后的宁德逐浪崛起。欢迎大家到宁德各处去走一走、看一看，深入感受宁德的秀美风光和蓬勃生机！

谢谢大家！

中联部副部长郭业洲：感谢郭锡文书记。今天参观过程中，我看到各位使节相互之间的交流特别热烈，大家和中方的同事们也进行了热烈的交流。我想，大家听了郭锡文书记的介绍之后，可能会有更多的共同话题。有请莫桑比克驻华大使玛利亚·古斯塔瓦发言。

莫桑比克驻华大使玛利亚·古斯塔瓦：尊敬的各位领导，女士们、先生们，首先，我想转达来自莫桑比克，特别是来自莫桑比克解放阵线的热烈问候。同时，我也衷心祝贺中联部和中共福建省委成功举办了这次重要的国际研讨会。这次会议研讨的主题是减贫，这对各个国家和社会都至关重要。

只有真正的朋友才会打开大门，一起分享其成功之路背后的宝贵经验。我们对此非常感激。我也很高兴能够亲眼看一看宁德的减贫脱贫成就，学习宁德取得如此巨大成就背后的"秘诀"。昨天的研讨会和今天的参观，给我们提供了一个很好的机会，让我们能够深入了解和学习中国减贫脱贫的宝贵经验。借此机会，我们要向中国特别是福建省表示祝贺。在以习近平同志为核心的中共中央坚强领导下，中国经济社会发展各方面取得巨大成就，成功摆脱了贫困，走上了繁荣之路。今天在宁德的所见所感让人印象深刻，在赤溪村我看到中国共产党和基层人民在一起，艰苦奋斗，引导人民群众改善生活，摆脱贫困，成为命运的主人。宁德市的成功实践给予了我们信心和力量。那就是，只要有决心、信念、努力和共同愿景，只要有滴水穿石的精神、锲而不舍的努力，就可以实现可持续发展，共创美好的未来。

今天的会议恰逢其时，因为当今世界正面临新冠肺炎疫情带来的

莫桑比克驻华大使玛利亚·古斯塔瓦发言

许多不确定性和挑战。疫情影响了各国人民生活的方方面面，并加剧了非洲及其他发展中国家的贫困程度。因此，我们在此次研讨会上所学到的经验和智慧，对我们各国根据各自实际情况采取正确的方法应对挑战有重要的启发意义。这也清楚地表明，我们只有团结合作，共同努力，携手前行，才能真正渡过当前的难关。

消除贫困是非洲国家议程上的重中之重。我们大多数非洲国家都在努力为人民提供基本生存保障的政策和方案，包括粮食安全、教育、安全饮用水、卫生设施、保健和住房等各个方面。当然，我们面临的挑战仍然是巨大的。但是由于有中国这样一个好伙伴，我们开展了互利共赢的合作往来，中国向我们提供投资、转让技术，为我们打开了市场，让我们能够顺利出口农产品。这些都将有助于推进非洲国家的减贫事业。在2020年庆祝中非合作论坛20周年之际，我们应继续把减贫作为中非合作论坛未来议程的重要基石。我们将看到，中国的减贫经验也会在非洲大陆落地生根、开花结果，通过借鉴中国经验，未来非洲也能实现可持续发展。

莫桑比克和中国的深厚友谊源远流长，两国精诚团结、紧密合作。2020年是两国建交45周年，也恰逢莫桑比克独立45周年。这些年来，就像很多其他非洲国家一样，中国已经成为莫桑比克减少贫困、促进经济社会发展的重要伙伴。特别是中国的减贫脱贫和社会发展经验，为我们提供了很大的帮助。希望未来我们能够开展更多互利合作、进一步深化相互信任。

莫桑比克迄今已成功使52.8%的人口摆脱了贫困。但仍有超过40%的人口挣扎在贫困线下。今天我们从中国的实践中得到很多启发，我们有更大的信心，我们也一定能够"滴水穿石"最终战胜贫困。最后我想向大家保证，作为我们国家的"眼睛"和"耳朵"，我们会把学到的经验传递给国内民众。我们也期待看到莫桑比克和中国之间能有更多的人员往来，特别是在地方层面就减贫脱贫进行更加广泛和深入的沟通交流。

非常感谢您的聆听！

中联部副部长郭业洲：感谢古斯塔瓦大使。下面请苏里南驻华大使陈家慧发言。

苏里南驻华大使陈家慧：尊敬的各位领导，各位嘉宾、女士们、先生们，首先感谢主办方的周到安排和热情接待！此行我们深刻感受到了福建和宁德的发展。贫困是世界各国面临的共同挑战。虽然不同国家社会的贫困程度不一，但贫困对世界各国的健康和可持续发展而言都是不容忽视的威胁与挑战。因此，脱贫减贫也是国际社会的共同责任。我们应该更好地携手合作，推进全球减贫。同时，减贫脱贫还是包括联合国在内的多边机构的重要目标。

在座各位使节所代表的国家都是联合国的成员，大家也都在努力实现《联合国2030年可持续发展议程》目标。在发展领域与其他国家尤其是与中国进

苏里南驻华大使陈家慧发言

行合作，是我们自己国家实现减贫脱贫的重要途径。中共十八大以来，以习近平同志为核心的中共中央高度重视扶贫开发工作，在治国理政中突出强调扶贫。自此，脱贫攻坚战正式打响。中国在减贫脱贫过程中具体问题具体分析，根据不同群体、不同地域、不同贫困原因及类型等，分别采取了不同的扶贫方式。参加此次关于扶贫的国际研讨会，并实地考察赤溪村和宁德时代等，让我们有机会近距离沟通，更加深入地了解中国减贫脱贫实践，更好地向中国取经，并有效促进在减贫脱贫领域的双边合作。

我们知道，宁德曾是福建最贫困的地区之一。习近平同志1988年开始在宁德开展扶贫工作，宁德是习近平总书记关于扶贫工作重要论述的发源地之一。在宁德工作的近两年时间里，习近平同志大力倡导"四下基层"等工作方法，深入基层，认真观察和谋划。在他的领导下，宁德始终坚持"一个中心任务、两个基本点"的原则，宁德的经济也因此逐步走上了对外开放和发展腾飞之路。

现在宁德的经济欣欣向荣，人们再也不用为生活必需品发愁了，广大干部群众也干劲十足。可以说，中国共产党的领导是中国减贫脱贫的关键所在。中国承诺在2020年取得脱贫攻坚的全面胜利，这就意味着中国有望成为第一个提前10年实现《联合国2030年可持续发展议程》中"消除一切形式的贫困"这一首要目标的国家，为该议程作出卓越贡献。同时，中国还向其他发展中国家提供技术援助，帮助他们进行能力建设，并分享知识和经验。我高度赞赏中国政府在扶贫工作中取得的巨大成就。中国的减贫脱贫实践也为其他发展中国家提供了有益经验。中国是一个好榜样，值得我们学习。谢谢！

中联部副部长郭业洲：感谢陈家慧大使。下面请摩尔多瓦驻华大使德米特鲁·贝拉基什发言。

摩尔多瓦驻华大使德米特鲁·贝拉基什：各位领导，女士们，先生们，朋友们，大家下午好！很荣幸能在今天这场重要活动中发言，感谢主办方给予我这一宝贵的机会！

20世纪90年代初，我曾作为苏联共青团领导人之一随代表团首次访问中国。那次访问日程十分紧凑和有趣，仿佛就发生在昨天，至今我仍清晰地记得当时的情景。当时我们参加了许多考察活动，同中国领导人和党的各级干部举行会晤，参观城市、乡村与企业，同普通民众进行交流。

当然，90年代的中国曾是另一番景象，但当时的中国已经凭借自身独一无二的魅力、热情好客的民众，以及富有魅力的历史、文化和美食等，给每一个外国到访者留下了美好印象。我记得我在访问期间多次与中国各级领导干部进行交流，他们在国家经济改革进程、发展战略、推动中国改革开放的方式方法等方面的观点都让我印象深刻。2020年中国将实现全面脱贫的伟大目标，这一消息令人倍感鼓舞。

我感觉，20世纪90年代中国的经济发展、基础设施建设、民众

摩尔多瓦驻华大使德米特鲁·贝拉基什发言

生活水平总体要落后于当时的苏联。当然，苏联也有许多问题，但总体情况仍要好一些。但那时中国共产党与中国政府实施的改革开放政策已经初步展现出积极成效。此后我又多次到访中国，看到了更多积极成果。通过对这些成果进行对比，我目睹了中国国家发展报告中具体的内容，见证了中国进入新时代。被任命为摩尔多瓦驻华大使后，我有机会更好地了解中国国情及中国人民的生活，从内部观察中国改革开放40多年来取得的堪称现象级的发展成就。

当前，中国是世界第二大经济体，是130多个国家的重要经贸伙伴，是5G、铁路工程技术、人工智能、高新技术工业、电商、航空航天工业等领域的世界领军国家，上述领域的名录仍在不断拓展。尤其令人高兴的是，中国坚持互利原则，中国所有发展成就都将给包括摩尔多瓦在内的其他国家带来新发展机遇。作为习近平总书记倡议建立的"一带一路"国际合作平台的重要参与者之一，摩尔多瓦非常珍视这些机遇。

中国在过去一段时间里实现了不可思议的经济飞跃，专家们称之为"经济奇迹"。同时，中国高度重视扶贫工作。贫困是世界各国普遍面临的基本问题，中国没有掩饰这一问题，中国共产党与中国政府意识到，如果部分民众依旧生活贫困，国家就无法实现全面建成小康社会的目标。习近平同志不止一次强调，在脱贫攻坚路上，谁都不能掉队，"一个都不能少"。

今天我们看到，中国不仅致力于提升GDP总量、居民人均收入等，还在竭尽全力确保每个公民都能分享到国家的发展成果。在消除贫困问题上，中国根据自身特点，在坚持传统的基础上采取了符合国情的创新方式。我个人对以下扶贫经验十分感兴趣：一是在农村地区推动建立电商中心，例如"淘宝村"的出现；二是实施区域经济对接战略，推动发达的东部地区与西部地区分享自身发展机遇；三是在农村地区开展道路交通基础设施和网络建设；四是根据个人与家庭的具体标准与需要，实施精准扶贫。

有关数据再次不言自明：2015年至2019年，中国贫困人口从5575万降至551万，贫困发生率从5.7%降至0.6%。世界银行数据显示，自1978年中国实施改革开放以来，已有7亿多民众成功脱贫，占世界减贫人口的70%以上。联合国千年发展目标报告则指出，得益于中国成功的减贫脱贫政策，国际社会已完成联合国减贫计划的50%。

当然，在探讨中国的减贫成就时，我们必须提到该项工作最为关键的推动者——为扶贫事业付出诸多心血的中共中央总书记、国家主席习近平。习近平总书记曾在讲话中提道："我投入精力最多的工作之一，就是扶贫。"这不只是说说而已，习近平总书记每次考察访问都要与民众会面，深入当地了解民众面临的具体问题，并想方设法为群众排忧解难。习近平总书记高度重视维护少数民族利益，发展地区教育、完善社会保障及提升商业发展积极性。而教育正是摆脱贫困的工具和国家社会经济发展的重要基石。

对9000多万名中共党员而言，扶贫工作是至关重要且光荣的任务，是对人民作出的必须践行的承诺和全心全意为人民服务的突出体现。

在中国，许多干部被派往最困难、最偏远的地区，并在扶贫工作中充分展示出高超的治理智慧和领导能力。我想就扶贫成就向中国领导人、地方同志及全体中国人民致以衷心祝贺。不仅是中国，全人类都能满怀骄傲地将这一成就载入史册。我相信这种成就经得起时间检验，这不仅是写在纸面上的成就，更是能够体现在全体中国人民生活

物质和精神层面、能够切身感受到的巨大成就。

最后，感谢主办方中共中央对外联络部与中共福建省委组织此次内容丰富的重要活动，组织我们参观城市、乡村、企业，让我们了解中国扶贫的宝贵经验。感谢中方邀请我们来福建和宁德访问。在宁德，我们了解到扶贫是中国的"第二次长征"。

感谢各位，祝大家一切顺利！

中联部副部长郭业洲：感谢三位大使的精彩发言。在接下来的交流互动环节中，我们想请在座的各位使节畅所欲言。大家可以就此次会议和参观发表感想和评论，也可以就宁德、福建，乃至中国的减贫脱贫理论与实践，以及继续推进全球减贫事业提出问题和建议。

苏丹驻华大使加法尔·卡拉尔：通过今天的参观和"宁德故事"分享会，我们对宁德的减贫脱贫工作有了较为深入的了解。在"宁德故事"的背后有一个伟大的领导人和一个伟大的党。中国的减贫经验在人类历史上是史无前例的，中国的经验对于世界其他国家和地区有重要借鉴意义。我们认为，应该推进减贫脱贫的国际合作，共同取得繁荣发展和进步。中国向来非常关心其他国家尤其是

苏丹驻华大使加法尔·卡拉尔发言

发展中国家的共同发展，也愿意向世界分享和交流在经济社会发展和国家治理方面的经验。为了方便同各国更好地分享看法、交流经验，我们希望中方设立一个专门平台和机构，系统梳理减贫脱贫相关经验、案例，并在此基础上进行更加深入的共同研究探讨。今天在场的多位大使都非常希望能在减贫脱贫领域学习中国更多的经验，得到中国更多的帮助。这一平台的设立对于全球减贫事业也将具有十分重要的意义。

中联部副部长郭业洲：感谢卡拉尔大使。您提出了一个关于国际减贫合作的好建议，谢谢您。下面哪位大使想要发言？

多米尼加驻华大使布里乌尼·加拉维托·塞古拉：首先我要祝贺中国共产党和中国在减贫脱贫领域所取得的巨大成就。中国有望提前10年完成《联合国2030年可持续发展议程》的减贫目标，这是一个极大的成就。我想提一个关于减贫脱贫工作持续性的问题。那就是，对于这些已经脱贫的家庭和人口，你们有一些什么样的政策和举措来防止他们返贫？

中联部副部长郭业洲：塞古拉大使的问题是如何防止脱贫人口返贫。我们先把这些问题记录下来，另外再请几位大使提问，然后请宁德市委市政府的相关负责同志一并回应。

加蓬驻华大使波德莱尔·恩东·埃拉：我是加蓬驻华大使，谢谢主持人给我发言机会。我想感谢你们给我们提供访问宁德的机会。我们听到了"宁德故事",深刻感受到了一个国家一个地区走出贫困背后的智慧和努力。世界上很多国家都希望能够走出贫困。贫困对于我们很多国家而言都是一个难题。尤其是像我的祖国加蓬,如果要彻底实现脱贫,可能不啻建成一个乌托邦,是一个不容易解决的难题。但在习近平总书记和中国共产党的坚强领导,以及全体中国人民艰苦努力、共同奋斗之下,中国很好地应对了这个挑战。我向中国共产党、中国政府和中国人民致以敬意!你们积累了有益经验,我们迫切希望能够继续分享你们的经验。中国的减贫脱贫成功实践对于我们来说也是一种巨大的鼓舞和动力,它让我们知道,通过艰苦努力,我们也可以战胜贫困、摆脱贫困。对于加蓬而言,我们也可以畅想,有一天它是可以实现脱贫的。谢谢!

纳米比亚驻华大使埃里亚·凯亚莫:首先我想向中方表示祝贺!你们用很短的时间就实现了脱贫,你们应该感到骄傲,纳米比亚也和你们一样感到骄傲。我有一个请求,中国是不是也可以向我们分享你们让所有人团结一心、朝着一个目标奋斗的"秘诀"?我认为这是中国共产党治国理政的"秘诀",可不可以告诉我们这个"秘诀"?作为朋友,我还有一个想法,我希望能有更多来自我们自己国家的年轻人来中国学习你们的秘诀。不仅学习脱贫致富的技术,更要学习毛泽东思想,学习习近平新时代中国特色社会主义思想。谢谢!

萨摩亚驻华大使塔普萨拉伊·托欧玛塔:刚才宁德市委郭锡文书记的介绍非常精彩。我有一个问题想问郭书记,今天参观过程中,你们的展览里提到了宁德减贫脱贫的"十大模式",让我印象深刻。我的问

萨摩亚驻华大使塔普萨拉伊·托欧玛塔提问

题是，你们的这"十人模式"是如何成功地应用到中国其他地方的？谢谢！

中联部副部长郭业洲： 现在我们请宁德市委市政府的负责同志们回应一下刚才几位大使提出的问题。

中共宁德市委书记郭锡文： 感谢各位大使，对刚才几位大使提出的问题，我尽量给予回答。第一，关于怎么防止已脱贫群众返贫的问题。对于这个问题，习近平总书记和党中央都高度重视。党中央明确要求：对已脱贫群众要做到"四个不摘"，即摘帽不摘责任、摘帽不摘帮扶、摘帽不摘政策、摘帽不摘监管，确保群众脱贫后不再返贫。对每一个贫困户来说，我们各级党委给予他们的帮扶、政策、关心一直都在。比如，今年疫情发生以来，很多群众的脱贫受到影响。对此，我们各级党委、政府深入每家每户了解情况、采取措施，帮助他们渡过难关。

同时，习近平总书记在党的十九大报告中提出，解决绝对贫困之后，今后全国"三农"工作的总抓手就是乡村振兴，着力解决相对贫困问题。目前，我们正按照总书记"走出一条具有闽东特色的乡村振兴之路"的嘱托要求，扎实推进产业振兴、人才振兴、文化振兴、生态振兴、组织振兴等"五个振兴"。我们把产业振兴摆在突出位置，目的就是要把每个村特别是贫困村的产业发展起来，带动群众增收，进而解决好群众返贫的问题。因此，关于如何防止贫困户返贫，不仅中央有要求，基层也在实践、也在努力，确保脱贫群众不返贫。第二，关于中国"秘诀"是什么的问题。这个题目比较大，我主要结合宁德实际谈谈体会。我认为，这个"秘诀"最关键的就在习近平总书记身上。习近平总书记是从群众中走出来的人民领袖，总书记在中国共产党中的核心地位是历史的必然、人民的选择。在宁德工作期间，习近平总书记把摆脱贫困作为中心任务，这就是他实事求是思想和为民情怀的体现。当年，总书记通过调研，认识到宁德最大的实际就是贫困，群众最大的愿望就是摆脱贫困，所以才把摆脱贫困摆在中心位置。习近平总书记这种为民情怀，与他担任党的总书记后，第一次接受记者采访时提出的"人民对美好生活的向往，就是我们的奋斗目标"是一脉相承的。总书记无论是在宁德，还是在福建其他地方工作，或是后来到浙江、上海工作，以及再后来到中央工作，他是真正把心贴近人民群众，有着赤诚的为民情怀。正是因为这样，我们干部群众从心底拥戴他、拥护他。总书记一有号召，我们全党、全国人民都会跟随，全国上下拧成一股绳。我理解，这就是中国人民为什么能团结一心、往一个目标努力的最大"秘诀"。第三，关于推广宁德扶贫经验的问题。扶贫开发的"宁德模式"是在实践中形成的。宁德所有贫困户要摆脱贫困，最关键的就在于选择什么样的脱贫项目。比如，山区的贫困群众可以种茶叶、水果，沿海的贫困群众可以搞养殖。不同的人要选取不同的项目，这就是总书记当年在宁德提出的"靠山吃山唱山歌，靠海吃海念海经"，核心就是要因地制宜、因户制宜，精准施策。项目选定以后，贫困群众缺资金，我们就提供扶贫小额信贷予以扶持；缺技术，我们就安排科技特派员帮助他解决技术问题；缺销路，我们就通过电商帮助群众拓宽销路，等等。这十种模式都是在实践过程中形成的。2015年12月，全国东部地区扶贫工作座谈会在宁德召开，我们在会上也将扶贫开发的"宁德模式"向外进行了推广。宁德的扶贫模式只是中国扶贫模式的一个缩影，实际上全国各个地方在实践过程中都探索出很多很好的经验做法。如果各位大使感兴趣，可以请你们当地的政府官员过来，

"宁德故事"分享会现场

我们再作深入对接交流。

中联部副部长郭业洲：谢谢郭锡文书记，我们开始新一轮的提问。

塞拉利昂驻华大使欧内斯特·恩多马希纳：宁德故事告诉我们，一定要有耐心和毅力，才能解决贫困的问题。当前世界上很多国家都在致力于完成联合国的减贫目标。我们今天在赤溪村和宁德市看到的一切，都让人深受启发。走出这里，我会告诉其他人我在这里的所见所思所感。我们今天在这里学习到的一切，有利于各国在实现《联合国2030年可持续发展议程》目标的路上进行更加深入的合作，具有深远的历史意义。而把这些故事告诉我们自己国家的民众，让他们了解这一重要发展历程，是我义不容辞的责任。我还想学习更多的东西，我想再次访问这座城市，不仅是来这里转一转，而是更加深入地了解这座城市其他方面的发展。因为习近平总书记曾在这里工作过，并在这里写下了《摆脱贫困》这本著作，我想更多地了解这个地方的故事，也想了解更多的中国扶贫故事，我想把这些故事带回我自己的国家，同更多的人分享这些故事。谢谢！

中共宁德市委书记郭锡文：热烈欢迎！

中联部副部长郭业洲：作为会议的主办方，我诚挚邀请您把在这里听到的宁德故事告诉您的同事，报告贵国领导人，告诉更多的贵国民众。下面我们接着提问。

斐济驻华大使马纳萨·坦吉萨金鲍：我想分享一下今天访问和参会的两点感受：一是中国领导人同中国人民之间的鱼水深情和血肉联系。二是像习近平总书记这样富有远见的领导人激励着中国人民相信自己、努力工作。这就是中国人民能够共同创造出减贫"奇迹"的重要原因。此外，宁德在扶贫方面采取的"精准扶贫"策略对我们具有重要启发。谢谢！

中非驻华使馆临时代办乔纳森·贝朗：感谢主办方组织这次会议，它让我们学到很多东西。我很高兴能够与会并到宁德参观访问，见证这里的巨大发展成就。我的祖国中非共和国是一个自然资源十分丰富的国家，但是我们的人民非常贫困。当我看到福建特别是宁德做了如此多的工作来摆脱贫困时，我就扪心自问，我们怎么能找到办法，让自己的国家走出贫困？因此，我想要提的问题是，你们有没有推广宁德经验，让别的国家来学习并通过学习借鉴这些经验最终也摆脱贫困的计划？

尼日尔驻华大使伊努萨·穆斯塔法：感谢主办方邀请我们参会并来宁德访问，让我们有机会来了解这里所取得的发展成就和宁德的脱贫成就，以及以习近平同志为核心的中共中央如何带领中国人民走出贫困。我们对此十分钦佩。我们看到习近平总书记1988年来到宁德工作，在减贫脱贫方面采取了一系列有效举措，带领当地人民蹚出了一条脱贫致富的光明道路。1988年我刚结束在北京的留学生活回到自己的祖国，现在我作为大使回到中国，感到非常的自豪。我很高兴能够来到宁德，看到1988年这一重要时刻在宁德和在我身上发生的这些事。

非洲有广袤的面积被沙漠覆盖，摆脱贫困是一件极具挑战的任务。我们需要有更大的韧性。我们有国际伙伴的支持，特别是中国的支持。像其他撒哈拉国家一样，尼日尔政府也为摆脱贫困付出了很多努力。因此我很高兴能够参加这次研讨会。我回国之后，一定会向我的同胞、我的朋友们介绍在这里学到的经验。谢谢！

中联部副部长郭业洲：感谢穆斯塔法大使关于其回国后向本国民众介绍在宁德、在福建、在中国所见所闻的友好表态。受郭锡文书记的委托，我在这里简短回应一下中非驻华使馆代表贝朗先生有关中国是否计划以及如何在全球范围内推广宁德经验的问题。第一，就像习近平总书记要求我们的那样，中国不复制、不照搬别国的做法，不拷贝别国的政策，我们也不会要求其他国家来复制、照搬、拷贝中国的做法，我们不会输出中国模式。也就是说，我们不会在全球范围内主动推广宁德经验。第二，只要我们的朋友愿意了解宁德、福建乃至中国在扶贫领域发生的一切，愿意进一步了解我们在扶贫领域所做的工作，我们愿意进行坦诚的、毫无保留的分享。昨天的研讨会和今天的参观，就是这样一种尝试。而且中国共产党在和世界其他政党进行交流的时候，也经常组织这种形式的对话，我们欢迎各个国家、各类政治力量都参加这种交流活动。第三，我们也希望通过这样一种交流方式，学习借鉴其他国家、其他政党的有益做法和经验。昨天的讨论以及刚刚大家的发言都充分证明，各国各类政党在扶贫工作领域都有自己的成功经验和特色做法。我和我的同事们听了之后也很受启发，我们愿意向大家学习。扶贫领域的交流并非单向，而是一个双向的、互相学习的过程。这就是我对贝朗先生问题的回应。

感谢各位大使的积极提问,我和我的同事们也充分享受了刚才的精彩互动。希望朋友们今后能够继续关注宁德的发展,关注这片热土上不断发生的新变化。我们也愿意就相关话题同大家保持沟通,继续开展各种形式的交流与对话。我们尤其要感谢宁德市委书记郭锡文,感谢东道主在今天全天为我们所作的精心安排。

今天的"宁德故事"分享会到此结束,谢谢大家!

第六篇
会议部分新闻报道

习近平总书记向"摆脱贫困与政党的责任"国际理论研讨会致贺信引发与会人士热烈反响

——"中国减贫成就具有重大的世界意义"

《人民日报》 2020年10月13日 // 记者 韩晓明 邵玉姿

10月12日，由中共中央对外联络部和中共福建省委联合举办的"摆脱贫困与政党的责任"国际理论研讨会在福建省福州市开幕。中共中央总书记、国家主席习近平向会议致贺信。习近平总书记的贺信引发与会人士热烈反响。与会人士表示，中国脱贫攻坚成就世界瞩目，为全球减贫事业提供了中国智慧，各国需要加强政党交流、加强国际合作，共同推动实现全球减贫目标。

习近平总书记在贺信中指出："我们有信心、有能力坚决夺取脱贫攻坚战全面胜利，提前10年实现《联合国2030年可持续发展议程》的减贫目标，完成这项对中华民族、对人类社会都具有重大意义的伟业。"与会人士高度肯定中国共产党带领中国人民全面打响脱贫攻坚战，表示减贫是《联合国2030年可持续发展议程》的重要内容，中国的减贫努力为全球减贫事业作出了巨大贡献，在世界发挥着示范性作用，为广大发展中国家摆脱贫困提供了有益借鉴。

老挝人民革命党中央总书记、国家主席本扬曾赴湖南省湘西十八洞村和福建省宁德下岐村考察中国的扶贫工作。他表示："亲眼看到中国人民在中国共产党的坚强领导下推进脱贫攻坚事业取得的巨大成就，深入了解中国共产党团结带领人民群众开展扶贫减贫工作积累的宝贵经验，更加坚定了老挝深入推进扶贫事业，早日摆脱欠发达状态的信心和决心。"

"中国实践向世界表明，减贫是可以实现的。"纳米比亚人组党主席、总统根哥布说，"中国是真正的、全天候的朋友。中国向我们提供了物资和人道主义援助，很多企业在纳米比亚开展投资合作，切切实实帮助我们减少贫困。"

肯尼亚朱比利党总书记图朱表示："中国共产党带领中国人民脱贫致富的实践和成就，在人类历史上前所未有，让人深受鼓舞。中国减贫成就具有重大的世界意义。"

加蓬民主党总书记本根扎说，习近平总书记在贺信中指出，消除贫困、改善民生、实现共同富裕，是中国特色社会主义的本质要求，是中国共产党的重要使命。他听了深受感动。"保持党和人民群众的血肉联系、加强党风廉政建设和农村基层党建、加强文化建设和农民教育、推进治理体系改革……中国的成功实践和经验值得我们学习借鉴。"

习近平总书记在贺信中指出："当前，在各方共同努力下，全球减贫事业取得长足进展，但面临的困难和挑战仍然很严峻，迫切需要包括各国政党在内的国际社会凝聚共识、携手合作，坚持多边主义，维护和平稳定，加快推动全球减贫进程。"

与会人士表示，带领人民脱贫致富，过上美好幸福生活，既是时代赋予各国政党的历史使命，也是各国政党应尽的责任义务。各国政党应当承担起责任，加强相互合作，共同为减贫贡献力量。

中非共和国团结一心运动创始人、总统图瓦德拉回忆起两国开展菌草合作项目的故事，指出菌草合作项目为中非共和国农业发展开辟了一条新道路，有力促进减贫就业，增强食品安全，提高人民收入。图瓦德拉说，习近平总书记高度重视中国以及全球减贫事业。"人民一直是各领域务实合作的受益者，实践证明了国际合作的重要意义。"

阿塞拜疆驻华大使阿克拉姆·杰纳利在接受本报记者采访时表示，他认真阅读了《摆脱贫困》等著作，加深了对精准扶贫理念的认识。中国共产党始终坚持贯彻以人民为中心的发展思想，带领中国人民取得了举世瞩目的成就。阿方希望同中国在减贫等各个领域加强交流合作，实现共同发展。

肯尼亚公共政策分析师史蒂芬·姆万吉说，非洲大多数贫困人口居住在农村。中国通过发展现代农业和旅游业扶贫减贫的思路值得借鉴。

与会嘉宾表示，中国提出共建"一带一路"倡议，倡导构建人类命运共同体，中国智慧和中国方案为推动世界减贫事业作出重要贡献。

柬埔寨人民党中央常委、副首相尹财利认为，共建"一带一路"倡议为地区国家和世界提升互联互通水平，深化包括基础设施建设、经济、投资和金融等各领域务实合作，以及增进民心相通等提供了新思路新实践。共建"一带一路"必将成为拉动全球经济增长、促进各国全方位合作的新平台，并为各国加快推进脱贫减贫事业发挥积极作用。

"中国有效控制住疫情，经济社会生活迅速恢复，同时积极推动国际合作，为各国民众共同抗击疫情提供帮助。这是构建人类命运共同体的生动体现。"南非非国大总书记马加舒尔表示。

"面对深刻复杂演变的国际形势和全人类共同面对的全球性挑战，世界各国和各国政党更应该密切配合，加强合作。我完全赞同并高度评价习近平总书记提出的人类命运共同体理念，这一理念顺应时代发展趋势。世界各国政党应加强协作，带领本国人民摆脱贫困，创造更加幸福美好生活。"本扬说。

"摆脱贫困与政党的责任"国际理论研讨会在福建开幕

《人民日报》 2020年10月13日

"摆脱贫困与政党的责任"国际理论研讨会12日在福建开幕。

中共中央对外联络部部长宋涛在开幕式上宣读了习近平总书记的贺信，并表示当前全球减贫进程仍面临诸多挑战，各国政党要携手扛起消除贫困的政党责任，不断加强扶贫减贫经验交流，持续深化国际减贫合作，为实现《联合国2030年可持续发展议程》目标贡献智慧和力量。

各国与会代表表示，消除贫困是全人类的共同目标，减贫和发展是国际社会的共同任务。包括各国政党在内的国际社会应采取共同行动、密切团结合作，努力建设一个没有贫困、共同繁荣的世界。

研讨会由中联部和中共福建省委共同主办，多国领导人通过书面或视频方式致贺，来自100多个国家的约400位政党代表和驻华使节等通过线上或线下方式参会。

交流互鉴，共商推进全球减贫事业

《人民日报》 2020年10月15日 // 记者 韩晓明 邵玉姿

10月13日，线下参与由中共中央对外联络部和中共福建省委联合举办的"摆脱贫困与政党的责任"国际理论研讨会的近30位外国驻华使节，实地走访福建宁德，交流经验、总结规律，共商推进全球减贫事业。

"扶贫政策必须精准有效"

从福州出发，体验了高铁的"中国速度"，换乘汽车驶过平整的公路，嘉宾们来到"中国扶贫第一村"——宁德福鼎市赤溪村。映入眼帘的是峰峦叠嶂、如画景色，通过修建公路、发展旅游业，赤溪村过去的穷山恶水真正变成脱贫致富的金山银水。

2016年，习近平总书记同福建宁德赤溪村视频连线时指出："滴水穿石、久久为功、弱鸟先飞，你们的实践印证了现在的扶贫方针，

与会代表实地走访赤溪村

就是要精准扶贫。扶贫根本要靠自力更生，要靠强劲的内生动力。"

"亲眼看到赤溪村的样貌，了解到这里发生的巨大变化，我深感钦佩。实践证明精准扶贫理念是正确的。我观察到，这里的环境干净整洁，人们脸上洋溢着笑容——他们过着幸福的生活。"摩尔多瓦驻华大使贝拉基什说。

"品尝了福鼎白茶的甘甜，就像分享到当地人摆脱贫困的喜悦一样。"苏丹驻华大使加法尔·卡拉尔说，苏丹一些乡村正借鉴中国经验，依据地区禀赋精准施策，努力摆脱贫困。"特别感谢来自中国朋友的帮助。在减贫发展的道路上，非中始终携手前行。"

"扶贫政策必须精准有效，这是宁德之行给我的深刻印象。"布基纳法索驻华大使阿达马·孔波雷说。

在赤溪村扶贫展示厅，使节们详细了解当地如何实施扶贫政策、如何推动扶贫产业发展等情况——"发展乡村特色旅游收入多少？""扶贫贷款的发放有什么条件？"他们不时驻足思索，不时提出问题与讲解人员讨论。赤溪村相关负责人介绍，吸引人才是未来一段时间发展的关键。萨摩亚驻华大使托欧玛塔表示赞同："实现乡村振兴，还是要依靠人才。"

"我们也要早日抱上'金娃娃'"

"多上几个大项目，多抱几个'金娃娃'，加快跨越式发展。"2010年，习近平同志到宁德考察，看到曾经发展条件先天不足、长期在区域经济"洼地"中徘徊的宁德发展条件逐步成熟，给予了殷殷嘱托。

宁德时代新能源科技股份有限公司已成为全球领先的锂离子电池研发制造公司——这里平均每1.7秒下线一个锂离子电池电芯，每20

秒装配成一个电池模组，为全球 43.7 万辆电动汽车提供"动力心脏"。嘉宾们饶有兴致地参观，询问公司发展情况。

"过去 40 年，中国改革开放取得伟大成就，尤其在科技领域取得巨大发展。泰国期待同中国加强在高新技术领域的合作。"泰国驻华大使阿塔育说，泰中两国是近邻，两国近年来减贫合作成果丰硕。泰国希望通过引进先进中国技术，带动本国实现产业升级，提高人民福祉。

尼日尔驻华大使伊努萨·穆斯塔法说："尼日尔正在努力实现粮食自给自足的目标。通过与中方合作，当地种植业分别针对雨季、旱季实施有针对性的策略，提高了产量。习近平总书记提出的精准扶贫理念给了我很大启发：不能满足于种植业本身，还要增加农产品附加值、发展农产品加工业、实现初级农产品出口。我们也要早日抱上'金娃娃'。"

贝拉基什表示，中国将扶贫理念、脱贫经验与各国分享，这对推进全球减贫事业具有重要意义。

"有'滴水穿石'的精神、锲而不舍的努力，就一定能实现脱贫"

在宁德市摆脱贫困主题展览的序厅，"滴水穿石"的动画和水滴滴落的音效时刻提醒着来访者。"越过温饱线""蓝图绘到底""打赢攻坚战"三大展览板块一组组珍贵的照片、一份份详实的数据，集中展示了宁德贯彻落实习近平总书记扶贫工作重要论述，坚持一张蓝图绘到底，精准扶贫、精准脱贫的生动实践。嘉宾们认真聆听讲解，不停用手机记录、拍照。

"有'滴水穿石'的精神、锲而不舍的努力，就一定能实现脱贫。"

莫桑比克驻华大使古斯塔瓦说，当今世界依然面临诸多不确定性和挑战，新冠肺炎疫情加剧了不少发展中国家的贫困状况，"在这样的时期，更要坚定信念、久久为功"。

"摆脱贫困绝非一朝一夕就能实现，必须通过各方共同艰苦奋斗。"保加利亚驻华大使波罗扎诺夫说，中国的成功实践，彰显中国共产党与中国人民的血肉联系。

"中国坚决打赢脱贫攻坚战，为世界提供重要经验，为各国尤其是发展中国家致力于消除贫困增添信心，为全球减贫事业作出重要贡献。"纳米比亚驻华大使、纳米比亚人组党中央委员会委员凯亚莫说："中国特色社会主义事业和中国脱贫攻坚事业取得成功的重要原因，就是中国共产党始终坚持贯彻以人民为中心的发展理念。"

傍晚，结束了紧张的考察行程，嘉宾们分享畅谈各自收获。"我们听到了宁德的故事，感受到一个国家、一个地区如何走出贫困""我还想再来宁德，深入学习中国经验"……嘉宾们表示，这次交流机会宝贵，各国减贫经验值得互相借鉴。

"我要把所见所闻告诉国内同事。学习借鉴中国的精准脱贫理念，今天是一个开始，接下来我们要着手实干。"斐济驻华大使坦吉萨金鲍表示。

"中国减贫成就具有重大的世界意义"

——"摆脱贫困与政党的责任"国际理论研讨会综述

新华社　2020 年 10 月 14 日 // 记者　许雪毅　褚萌萌

在 10 月 17 日中国国家扶贫日和国际消除贫困日即将到来之际，由中共中央对外联络部和中共福建省委联合举办的"摆脱贫困与政党的责任"国际理论研讨会于 12 日至 13 日在福建举行。

这是凝聚各方共识、促进国际减贫合作的盛会。来自 100 多个国家的约 400 位政党代表和驻华使节、国际机构驻华代表、发展中国家媒体驻华代表、智库学者等通过线上或线下方式参会，围绕"中国脱贫攻坚与国际减贫事业""摆脱贫困与人类可持续发展""政党在摆脱贫困中的责任和作用"等议题开展交流。

各国与会代表高度评价中国的脱贫攻坚成就。马来西亚总理对华事务特使张庆信在视频发言中表示，中国将提前 10 年实现《联合国 2030 年可持续发展议程》的减贫目标，中国的经验和智慧将会吸引全世界的目光，同时中国也将成为其他国家脱贫攻坚的楷模。

南非非洲人国民大会（非国大）总书记马加舒尔在视频发言中表示，中国的农村贫困人口从 2012 年底的 9899 万人减少到 2019 年底的 551 万人，这一前所未有的成就令人鼓舞，也让非国大深受启发。当前新冠肺炎疫情蔓延，导致全球贫困人口数量激增，世界进步国家此时更需要携手同行、共同努力。

这是重视实践、敞开胸怀深度交流的盛会。线下参会的近30位驻华使节到访福建宁德，考察了被称为"中国扶贫第一村"的福鼎市磻溪镇赤溪村。这个20世纪80年代初还过着"家家竹木屋，顿顿揭锅难"艰苦生活的村庄，如今正努力打造全国乡村振兴的战略样板村。

在赤溪村展示厅中，村党总支书记杜家住向使节们介绍了赤溪村的"脱贫密码"：30多年来，赤溪历经就地农耕生产"输血"式帮扶、造福工程异地扶贫"换血"式扶贫、整村推进综合开发"造血"式发展，滴水穿石、久久为功，2019年村人均可支配收入超过2万元，村集体收入达130万元。

"赤溪村现在除了种白茶还种什么作物？""近年来，赤溪村的人口是增加还是减少了？""摆脱贫困后，赤溪村面临的最大问题是什么？"使节们对赤溪村的脱贫过程和发展前景兴趣浓厚。

"看到赤溪村村民们脸上的笑容，就觉得他们的幸福很真切。"古巴驻华大使佩雷拉说，几十年来中国的发展成就令人赞叹。

在宁德时代新能源科技有限公司，使节们仔细询问这一全球领先的锂离子电池研发制造公司的最新发展情况；在宁德市"摆脱贫困"主题展览和随后的"宁德故事"分享会上，使节们进一步了解了宁德30多年来发扬"滴水穿石"的闽东精神，坚持一张蓝图绘到底，精准扶贫、精准脱贫的生动实践。

加蓬驻华大使恩东接受采访表示，宁德脱贫过程令人震撼，也让加蓬增强了推进减贫事业的信心。中国共产党始终坚持以人民为中心，为宁德找到了正确的脱贫之路，这启迪我们政党要深入调研、因地制宜，持续为百姓创造更加美好富足的生活。

中联部组织多国驻华使节
赴福建宁德交流考察

《中国日报》 2020年10月13日 // 记者 曹德胜 胡美东

10月13日，中共中央对外联络部组织线下参加"摆脱贫困与政党的责任"国际理论研讨会的近三十位驻华使节到访福建省宁德市，考察了被称为"中国扶贫第一村"的福鼎市磻溪镇赤溪村和宁德时代新能源科技股份有限公司，参观了展现宁德脱贫攻坚全貌的"摆脱贫困"主题展览，并同宁德市委市政府举行了"宁德故事"分享会。中联部副部长郭业洲、福建省副省长郭宁宁参加。

郭业洲表示，当前宁德的发展全貌集中展现了三十多年来宁德在习近平总书记扶贫开发战略思想指引下，坚持一张蓝图绘到底，滴水穿石、久久为功，扎实推动精准扶贫脱贫的生动实践。我们举办"摆脱贫困与政党的责任"国际理论研讨会并邀请大家到宁德交流考察，就是希望同世界各国政党加强减贫经验的互学互鉴，为世界减贫事业和人类可持续发展作出力所能及的贡献。

莫桑比克驻华大使玛利亚·古斯塔瓦、苏里南驻华大使陈家慧、摩尔多瓦驻华大使德米特鲁·贝拉基什等纷纷表示，此次福建之行令人印象深刻，亲身见证了中国人民在以习近平同志为核心的中共中央带领下取得脱贫攻坚的巨大成就，对习近平新时代中国特色社会主义思想，特别是习近平总书记的扶贫思想有了更为深刻的认识。中国共产党始终坚持以人民为中心，这是中国特色社会主义事业和中国脱贫攻坚事业取得成功的重要原因。中国脱贫攻坚的成功实践不仅为世界提供了重要经验，更为各国尤其是发展中国家致力于消除贫困增添了信心，为全球减贫事业做出重要贡献。

中共宁德市委书记郭锡文向驻华使节介绍当地经济社会发展、扶贫和党建工作情况。

外国驻华使节：
中国减贫具有世界意义

《中国日报》 2020年10月15日 // 记者 曹德胜 胡美东

10月17日是中国国家扶贫日和国际消除贫困日，中国将在今年底彻底消除绝对贫困，提前十年完成联合国2030年可持续发展议程中的减贫目标。对于中国的减贫事业，多位参加由中共中央对外联络部和中共福建省委于近日在福建联合举办的"摆脱贫困与政党的责任"国际理论研讨会的驻外使节表示，中国的减贫经验值得借鉴，中国的减贫成就具有世界意义。

摩尔多瓦驻华大使贝拉基什曾于20世纪90年代作为苏联共青团的代表首次访问中国，一直关注中国的发展。他表示，今年中国将实现全面脱贫的伟大目标，这一消息令人鼓舞，中国甚至全人类都可以满怀骄傲地将这一成就载入史册。"我相信这种

与会代表参观赤溪村

成就经得起时间检验,这不仅是写在纸面上的成就,更是能够体现在全体中国人民生活中和精神层面的成就。"

10月13日,贝拉基什会同30余位参会的外国驻华使节参访宁德市,考察了被称为"中国扶贫第一村"的福鼎市磻溪镇赤溪村和宁德时代新能源科技股份有限公司,参观了展现宁德脱贫攻坚全貌的"摆脱贫困"主题展览,并同宁德市委市政府举行了"宁德故事"分享会。

谈到中国的扶贫事业,贝拉基什表示,在消除贫困问题上,中国根据自身特点并秉持中国精神,在坚持传统基础上采取了符合国情的创新方式。"我个人对以下扶贫经验十分感兴趣,比如说中国在农村地区建立电商中心,例如淘宝村的出现;实施区域经济对接战略,推动发达的东部地区与西部地区分享自身发展机遇;在农村地区开展道路交通基础设施和网络建设;根据个人与家庭的具体需要实施精准扶贫等等。"

贝拉基什对中国过去几十年的发展表示钦佩。他认为,作为摩尔多瓦驻华大使,他有机会更好地了解中国国情,观察中国的发展。"令人高兴的是,中国坚持互利原则,中国的发展将给包括摩尔多瓦在内的其他国家带来新的发展机遇。摩尔多瓦也是一带一路国际合作平台的重要参与者之一。"

同贝拉基什一样,许多参会的外国驻华使节也纷纷点赞中国的减贫成就,希望分享中国减贫经验,努力实现联合国2030年可持续发展目标。

苏丹驻华大使加法尔表示,中国在减贫方面的经验在人类历史上是前所未有的,福建宁德的减贫模式令人印象深刻。他认为,中国之所以能取得如此巨大的成就,是因为中国共产党的坚强的领导力、执行力和以人民为中心的发展理念。加法尔建议中国政府设立专门的机构，以便其他发展中国家能够与之对接，分享中国的减贫经验。

阿塞拜疆驻华大使阿克拉姆在参观完赤溪村后表示，民众的笑脸印证了中国减贫措施的有效。他说，阿塞拜疆也在通过加强教育、完善基础设施等努力改善农民生活，缩小城乡差距。阿克拉姆建议两国加强减贫经验交流，通过学习对方的经验实现共同发展。

莫桑比克驻华大使玛利亚·古斯塔瓦、苏里南驻华大使陈家慧等在"宁德故事"分享会上纷纷表示，此次福建之行令人印象深刻，亲身见证了中国人民在以习近平同志为核心的中共中央带领下取得脱贫攻坚的巨大成就，对习近平新时代中国特色社会主义思想，特别是习近平总书记的扶贫思想有了更为深刻的认识。他们表示，中国共产党始终坚持以人民为中心，这是中国特色社会主义事业和中国脱贫攻坚事业取得成功的重要原因；中国脱贫攻坚的成功实践不仅为世界提供了重要经验，更为各国尤其是发展中国家致力于消除贫困增添了信心，为全球减贫事业作出重要贡献。

聚焦后疫情时代世界脱贫
百余政党代表、驻华使节共商合作之策

中新社 2020年10月13日 // 记者 李京泽

12日,在中共中央对外联络部和中共福建省委共同主办的"摆脱贫困与政党的责任"国际理论研讨会上,来自100多个国家的约400位政党代表和驻华使节、国际机构驻华代表等通过线上、线下方式分享后疫情时代本国脱贫经验,为世界如何摆脱贫困共寻良方。

贫困是困扰人类几千年的世界性难题,消除贫困自古就是人类梦寐以求的理想。2020年,突如其来的新冠肺炎疫情成为人类摆脱贫困过程中一大挑战。

根据联合国大学世界发展经济学研究所发布的一份研究报告,新冠肺炎疫情带来经济衰退可能让赤贫人口增加3.95亿。因疫情带来贫困人口增多的现象让各国政党对脱贫有了更为深刻的认识。

在印度尼西亚,疫情使该国新增了163万贫困人口。印尼民族觉醒党总主席、国会副议长穆海敏说,新冠肺炎疫情让我们看到了一个国家的贫困不是独立存在的,政党应该将改善民生作为自身的核心要务,国家的扶贫政策必须坚持一个中心思想和多种实现方式,不断进行突破。

马拉维大会党主席、总统查克维拉指出,灾难时期,外部援助无法消除贫困,关键是要减少依赖援助的心态。政党的首要任务是对本国民众进行思想引领,"让他们认识到自己是本国经济的建设者而非他国经济的消费者。"

围绕着"摆脱贫困与政党的责任"这一主题,多国政党代表阐述了自己的观点,言语中体现出对消除贫困这一重大全球性议题的重视。同时,与会人员注意到,当今世界出现了单边主义等不和谐声音,对扶贫、抗疫等多个国际领域产生了消极影响。在寻找这一问题应对之策时,"合作"成为与会者提及的高频词。

中共中央对外联络部部长宋涛指出,当前全球减贫进程仍面临诸多挑战,迫切需要国际社会加强减贫合作。各国政党要携手扛起消除贫困的政党责任;坚持互学互鉴,不断加强扶贫减贫经验交流;秉持多边主义,持续深化国际减贫合作;坚持求同存异,推动构建人类命运共同体,为实现《联合国2030年可持续发展议程》目标贡献智慧和力量。

"面对深刻复杂演变的国际形势和全人类共同面对的全球性挑战,各国政党更应密切配合,加强合作。"老挝人民革命党中央总书记、国家主席本扬如是说。

在谈到减贫国际合作时,众多与会嘉宾表示中国的扶贫实践提振了各国的减贫信心,在新冠肺炎疫情影响下,他们看到了"中国把不可能的事情变成了可能"。同时,外宾们也表示中国经验有可借鉴之处,加蓬驻华大使波德莱尔·恩东·埃拉说,中国因地制宜、将扶贫与扶志相结合等扶贫理念,不仅适用于亚洲国家,也同样适用于非洲、南美洲大陆上的广大发展中国家。

"近百年持续努力,七十余年不懈奋斗,八年砥砺攻坚深刻启示我们,中国走出一条符合中国国情的扶贫开发道路、并取得显著成就",

中国国务院扶贫办副主任陈志刚在分享中国经验时指出，最根本的原因就在于坚持中国共产党的领导和中国特色社会主义制度。

"加强政党合作、深化互帮互助有利于我们真正摆脱贫困"，阿塞拜疆驻华大使阿克拉姆·杰纳利说，中国是摆脱贫困的成功范例，我们愿意学习中共脱贫攻坚的成功经验。

良好的国际环境是开展合作的前提，欧洲左翼党第一副主席莫拉认为，消除贫困、提高人民生活水平需要构建新型国际关系，坚持多边主义，维护世界和平。

对于贫困这一长久且复杂的问题，与会人员也将其放在联合国可持续发展的大框架下进行考量。"国家未来的韧性和摆脱贫困能力，取决于走绿色发展之路。全球40%的工作岗位都依赖于一个健康稳定的环境，提高生活水平，保护地球环境也是联合国可持续发展计划的应有之义"，联合国开发计划署驻华代表白雅婷说。

驻华使节走进"中国扶贫第一村"：
印象最深的是民众的笑脸

中新社　2020 年 10 月 15 日 // 记者　李京泽

秋日闽东，层峦叠翠。近 30 位驻华使节乘车沿着弯曲且平坦的水泥公路盘山而上，来到福建宁德福鼎市磻溪镇赤溪村。汽车停在了村口的一片开阔地。使节们从这里沿着平整的山路走进村庄。一路上，三四层的徽派建筑民居从街头延伸至街尾，村道两旁可见茶园和果树，放眼望去是青山和溪水。

"你们的人口增加了多少？""每年游客量有多大？""你们的党员是怎么开展工作的？"……赤溪村展示厅里，使节们在村支部书记杜家住介绍赤溪村脱贫经验时频频发问。

在参访赤溪村的前一天，这些驻华使节与世界多国政党代表等近 400 人通过线上线下的方式，在由中共中央对外联络部和中共福建省委联合主办的"摆脱贫困与政党的责任"国际理论研讨会上分享了本国的减贫经验，并商讨了后疫情时代世界摆脱贫困之策。其中，很多与会者认为中国脱贫经验有可借鉴之处，对"中国扶贫第一村"的参访则成了他们感知这份经验的窗口。

36 年前，一封反映赤溪村下山溪自然村贫困生活状况的来信被《人民日报》刊登，引发社会对贫困地区的关注。如今，赤溪村已成为风光秀美、富有畲族文化特色的小康村。驻华使节们在村子里边走边记录，品尝当地的特色白茶。他们一行吸引了村民们的注意，许多人站在街边向使节们招手，畲族姑娘也穿上了民族服饰唱起民歌迎接远方的客人。

"之前通过数字了解中国的脱贫工作，而这次有机会来到30年前中国最贫困的山村，民众的笑脸让我印象深刻"，古巴驻华大使卡洛斯·米格尔·佩雷拉对记者说，这是他对中国扶贫经验最真实的感知，政党的使命就是为人民服务，从中国人民的精神面貌上，他看到了在中国共产党的领导下中国脱贫攻坚取得显著成效。

阿塞拜疆驻华大使阿克拉姆·杰纳利也有同样的感受，他说民众的笑脸印证了中国减贫举措的可行性。阿塞拜疆也正在通过加强教育、完善公共设施等方式改善农村生活状况，缩小城乡差距。阿克拉姆·杰纳利建议，两国干部可加强交流互鉴，根据自身情况学习对方的扶贫经验。

相互学习无疑是积累经验的有效途径。作为中国扶贫样板村的支部书记，杜家住看重每一次接待来访的机会，他对记者说，他们的村子还在开发中，更要吸收来自外界的意见建议，1000人来到赤溪村，哪怕有一个留下的意见能给我们指引也是宝贵的财富。"将外界的建议与村里的实际相结合，会让我们的村子走得更好，产业发展得更快。"

这是杜家住第四次接待外宾，他边介绍边学习，回答了使节们有关脱贫的多个问题。"其实大使们只看到了我们这里三分之一的景象，无奈时间有限，我们还有很多故事没有讲完。"

驻华使节们随后参观的宁德"摆脱贫困"主题展览馆弥补了杜家住的遗憾，这里记录了包括赤溪村在内的整个宁德市的脱贫故事，从黑白老照片的贫困景象到彩色照片中的美好生活，中国扶贫举措和理念、成果被形象地展现。在一张印有畲族儿童笑脸的照片前，许多驻华使节放慢了脚步，有人指着照片对身旁的人说，"看，他们笑得多灿烂！"

"宁德的经验是怎么推广到全国的？"在结束参观后有使节提问宁德市委书记郭锡文，他回答称宁德的脱贫模式是在实践中形成的，脱贫政策的制定最重要的是因地制宜、精准施策，我们的脱贫模式只是中国脱贫工作的一个缩影，每个地方根据自己的实践都有各自的经验。

一国情况尚且如此，世界范围内摆脱贫困更是没有一条可以完全复制的经验。对此，各国使节达成了共识，他们认为每个国家都有自己的特点，各国应该互学互鉴，以合作交流实现各自的进步和发展。

但特性之中也有一些共性存在，例如阿塞拜疆驻华大使阿克拉姆·杰纳利所说，所有执政党只有把民众放在首位，脱贫攻坚的事业才会取得成功。

携手激发人民追求更好生活的信念

——"摆脱贫困与政党的责任"国际理论研讨会聚焦减贫合作

《光明日报》 2020年10月16日 // 记者 蔺紫鸥

在中国国家扶贫日和国际消除贫困日到来前夕，由中共中央对外联络部和中共福建省委共同主办的"摆脱贫困与政党的责任"国际理论研讨会于10月12日至13日在福建省福州市举行。来自100多个国家的约400位政党代表和驻华使节、国际机构驻华代表、发展中国家媒体驻华代表、智库学者等通过线上或线下方式参会。与会嘉宾表示，中国脱贫攻坚成就世界瞩目，为全球减贫事业提供了中国智慧，各国需要加强政党交流、加强国际合作，共同推动实现全球减贫目标。

中联部部长宋涛在开幕式上致辞表示，此次会议充分体现了各国对消除贫困这一重大全球性议题的高度重视，也充分显示了各方积极推进国际减贫合作的使命担当。中国连续7年年均减贫1000万人以上，截至目前已使7亿多人摆脱贫困，对世界减贫的贡献率超过70%。当前，全球减贫进程仍面临诸多挑战，迫切需要国际社会加强减贫合作。各国政党要携手扛起消除贫困的政党责任；坚持互学互鉴，不断加强扶贫减贫经验交流；秉持多边主义，持续深化国际减贫合作；坚持求同存异，推动构建人类命运共同体，为实现《联合国2030年可持续发展议程》目标贡献智慧和力量。

老挝人革党中央总书记、国家主席本扬，纳米比亚人组党主席、总统根哥布、津巴布韦非洲民族联盟－爱国阵线主席兼第一书记、总统姆南加古瓦，中非共和国团结一心运动创始人、总统图瓦德拉，马拉维大会党主席、总统查克维拉，阿根廷总统费尔南德斯，苏里南进步改革党主席、总统单多吉等多国领导人通过书面或视频方式致贺信。

研讨会上，与会嘉宾围绕"中国脱贫攻坚与国际减贫事业""摆脱贫困与人类可持续发展""政党在摆脱贫困中的责任和作用"等议题开展交流，表示减贫是《联合国 2030 年可持续发展议程》的重要内容，中国的减贫努力为广大发展中国家摆脱贫困提供了有益借鉴。带领人民脱贫致富，过上美好幸福生活，既是时代赋予各国政党的历史使命，也是各国政党应尽的责任义务。各国政党应当承担起责任，加强相互合作，共同为减贫贡献力量。

马来西亚民主进步党主席、总理对华特使张庆信表示，中国 2020年 5 月举行的全国两会向世界发出了清晰的信号，那就是中国致力于消除贫困，决胜全面建成小康社会。实际上中国已经在减贫领域提前十年完成了联合国 2030 年可持续发展目标，中国的经验和智慧将会吸引全世界的目光，同时中国也将成为其他国家脱贫攻坚的楷模。中国在农村基础设施建设等方面的政策能够缩小城乡差距，激发人民追求更好生活的信念。

南非非国大总书记马哈舒勒表示，新冠肺炎疫情期间，中国不但全力以赴控制住了本国疫情，迅速恢复了人民生活和经济发展，还积极拓展国际合作，为成千上万世界最脆弱的人口提供帮助，这是我们展现世界进步力量风采的伟大时刻，也是我们为全人类更美好的未来作出贡献的伟大时刻。此次研讨会是世界各国政党齐心协力共建人类命运共同体的里程碑，非国大呼吁各国人民加强团结，携手消灭贫困。

印度尼西亚民族觉醒党总主席、国会副议长穆海敏表示，新冠肺炎疫情已经使全球贫困人口突破 11 亿，预计有多达 3.95 亿人因为疫情陷入极度贫困，如果不谨慎对待，可持续发展目标将难以实现。政党在制定国家政策中具有重要地位，应该发挥政治引领作用，帮助人民摆脱贫困枷锁，实现社会公正。因此政党必须在帮助和带领全体民众提高生活水平方面体现应有的担当和作为，成为摆脱贫困的有力领导者。

埃及驻华大使穆罕默德·巴德里在接受记者采访时表示，中国的脱贫事业富有远见且非常成功。埃及希望在基础设施建设、公共服务及发挥私营领域作用等方面学习中国经验并开展合作。中国在新技术及人工智能的应用上取得了很大进展，也期待看到数字化领域的科技成就未来更多地运用到扶贫中。

阿塞拜疆驻华大使阿克拉姆·杰纳利认为，只有不同政党、不同国家间开展合作且互帮互助才能摆脱贫困，而我们有一个好榜样就是中国，中国的脱贫经验对全世界来讲都有重要意义。他对记者表示，研讨会上各国政党代表都表达了深化合作的愿望，所有执政党的核心目标都应该是为人民服务，因此要向中国共产党学习，把人民放在第一位。

摩尔多瓦驻华大使德米特鲁·贝拉基什在采访中表示，脱贫是每个国家都要面对的基本问题，中国的成功之处在于，在提升经济发展总量的同时还确保了每个人都能享受经济发展的成果。中国在农村建立淘宝村等电商中心、推动东部发达省份与中西部省份对接、推进基础设施建设等措施都值得学习。

研讨会后，近30位驻华使节还赴福建宁德市实地考察，并参加"宁德故事"分享会。与会嘉宾一致认为，此次亲眼见证了中国人民在中国共产党的带领下取得脱贫攻坚的巨大成就。中国共产党始终坚持以人民为中心，这是中国特色社会主义事业和中国脱贫攻坚事业取得成功的重要原因。中国脱贫攻坚的成功实践不仅为世界提供了重要经验，更为各国尤其是发展中国家致力于消除贫困增添了信心，为全球减贫事业作出重要贡献。

外国驻华大使
实地调研中国脱贫成就：
为世界提供借鉴经验

央视新闻 2020年10月15日

在中国第7个国家扶贫日和联合国第28个国际消除贫困日来临之际，来自100多个国家的400多位政党代表、驻华使节、智库学者在福建福州通过线上或线下方式，参加了由中共中央对外联络部和中共福建省委共同举办的"摆脱贫困与政党的责任"国际理论研讨会。

与会嘉宾就摆脱贫困与人类可持续发展、中国脱贫攻坚与国际减贫事业等议题展开探讨，共享减贫经验。大使们在接受央视新闻专访时指出，中国成功的脱贫模式为世界其他国家提供了借鉴意义，希望能和中国有进一步的合作。

改革开放40多年来，中国减少了8亿多贫困人口，对全球减贫贡献率超过70%；中国农村贫困人口从2012年底的9899万人减到2019年底的551万人，中国连续7年每年减贫1000万人以上……对中国脱贫取得的瞩目成就，巴基斯坦驻华大使莫因·哈克在采访中表示，"中国的成功值得学习借鉴。贫困是全人类面临的挑战，很多国家还有成千上万的人生活在贫困中。我们必须把摆脱贫困放在国家政策的首位，需要制定明确的目标，这是一个多管齐下的战略，也是一个持续的过程。"

谈到未来中巴两国在脱贫方面的合作，莫因·哈克说："中国和巴基斯坦是非常亲密的朋友，'巴铁兄弟'同甘共苦、密切合作，两国已经在社会经济发展和消除贫困方面开展了合作。目前，中巴经济走廊已经迈入了第二阶段，我们会重点关注社会经济发展，通过农业、旅游、职业培训等项目惠及贫困人群，为他们创造就业机会、消除贫困。"

"学习中国经验非常有益"

消除贫困、保障民生，是当今世界面临的最大全球性挑战之一。而在减贫领域，中国实践、中国方案和中国智慧为世界其他国家提供了借鉴经验。埃及驻华大使穆罕默德·巴德里表示，学习中国的脱贫经验非常有益，这也是各国驻华大使的一个工作重点。

在参观了福州市市民服务中心后，"马上就办、智能'秒批'"大厅的高效、便捷服务体系给穆罕默德·巴德里留下了深刻印象。他说："难以想象市民在服务中心只需要三秒，就能拿到出生证明。我在世界很多地方生活过，但从未见过这样的高效率，所以是时候学习了。我会建议埃及政府派代表团到这

与会代表参观福州市市民服务中心

里学习。"

"中非合作论坛与众不同"

今年是中非合作论坛成立 20 年。对此，布基纳法索驻华大使阿达马·孔波雷在采访中表示，"中非合作论坛（FOCAC）对我们来说是一个非常重要的论坛，它在理念、方式和视野上都是与众不同的。我们确信中非合作论坛将是一个双赢的合作，中国和非洲国家都将受益于此。"

「摆脱贫困与政党的责任」国际理论研讨会实录

外国使节打卡赤溪村
点赞中国脱贫故事

央视新闻　2020 年 10 月 15 日

参加"摆脱贫困与政党的责任"国际理论研讨会的外国使节和嘉宾们 10 月 13 日走进赤溪村，实地调研，了解当地的脱贫之路。外宾们一早搭乘高铁和大巴去往地处闽东大山深处的福建省福鼎市磻溪镇畲族行政村——赤溪村。

曾经的贫困山村现在坐着"子弹头"去

在高铁上，大家对即将实地调研的赤溪村十分期待。巴基斯坦驻华大使莫因·哈克说，我们要去的地方曾是中国最贫穷的地区之一，而现在可以乘坐"子弹头"高速列车前往那里，沿路的高楼和幸福的人们，给我留下了深刻的印象。有机会我还想再来福建，学习这里的经验，希望可以把这里的脱贫模式带回巴基斯坦。

巴基斯坦驻华大使莫因·哈克在高铁上接受采访

一进村，外宾们就被这里的秀丽风光吸引。坐落在青山绿水间的赤溪村，一幢幢民居整齐地从街头延伸至街尾，村口的"赤溪老街"成为大家争相拍照的"打卡地"。

"最重要的是这里的人们很开心"

到访的外宾们大多是第一次来到赤溪村，他们在接受采访时表示，初见赤溪村感觉非常美好。保加利亚共和国驻华大使格里戈尔·波罗扎诺夫说，"我很喜欢这里的自然风光，风景如画，这些村庄也是风光的一部分。我很羡慕在这里人与自然可以和谐相处，最重要的是我看到这里的人们很开心。"

30多年来，历经"输血"式就地扶贫、"换血"式搬迁扶贫、"造血"式"旅游＋产业"扶贫的探索实践，赤溪村走出了一条"旅游富村、农业强村、文化立村、生态美村"的脱贫路。

在听取了当地的脱贫历程后，格里戈尔·波罗扎诺夫表示中国在脱贫这项任务上是非常负责任的。他感叹此次实地调研非常有意义，"我们需要在重要的议题上交流探讨，成功的实践经验值得被分享，摆脱贫困就是其中之一。贫困是全社会共同的敌人，几乎每个国家都存在这方面的问题，这需要持续不断地努力。这不仅仅是与贫困作斗争，更是增进人民福祉。"

沿着整洁的石道走进村庄，文化长廊上"全面实现小康，少数民族一个都不能少一个都不能掉队"的标语映入眼帘。身着畲族服装的村民们唱着当地民歌欢迎远到的客人，外宾们被村民的热情感染，开心地和村民们互动、合影，参观畲村白茶体验馆，品尝从这里"走出去"的福鼎白茶。

"中国的脱贫故事值得被世界看到"

参观途中,大家纷纷为赤溪村的崭新面貌点赞。摩尔多瓦共和国驻华大使德米特鲁·贝拉基什30年前曾到访中国,了解当时的中国农村。此次来到赤溪村,他用"翻天覆地"描述眼前所见,赞叹中国在如此短的时间内消除贫困。他说,中国的脱贫故事值得被世界看到,值得被世界借鉴。

驻华使节探寻中国脱贫"秘诀"：
坚定信念　久久为功

央视新闻　2020年10月15日

30多年前，福建赤溪村是远近闻名的贫困村。今天的赤溪村，已经成为风景如画的休闲乡村。30多年来，在政府的帮扶下，赤溪村通过异地搬迁改善村民的生活环境，并陆续开发了一批示范旅游项目和生态农业项目，鼓励、引导当地村民在村中创业。生态立村、旅游富民，成为赤溪村的"脱贫致富经"。

中国国家扶贫日来临前夕，三十多位驻华使节走进赤溪村，探寻这里的脱贫"秘诀"。坚定信念、努力前进，是驻华使节们在赤溪村参观中感触最深的两个词语。重视教育、发展具有当地特色的旅游产业，是驻华使节们在赤溪村参观过程中看到的中国脱贫模式。

不少驻华使节表示，他们很高兴有机会实地参观赤溪村，可以深入了解中国的脱贫故事。如今的赤溪村印证了中国脱贫模式的可行性，他们希望未来能继续学习中国的扶贫经验。还有驻华使节表示，当地村民脸上洋溢的笑容，足以证明中国脱贫攻坚取得了显著成效。

"帮助人民、服务人民，让人民的生活更美好"

听了赤溪村的脱贫故事，萨摩亚驻华大使塔普萨拉伊·托欧玛塔说："在赤溪村脱贫的过程中，当地政府收集了大量信息，制定出适宜的脱贫方案帮助那些需要的村民。我看到了中国共产党和中国政府在脱贫过程中发挥的重要作用，他们将消除贫困作为优先事项和工作重点，致力于让人民的生活更美好。"

萨摩亚驻华大使夫人表示："赤溪村成功脱贫不是一朝一夕就能完成的事情，他们花了数十年的时间，我认为非常了不起。更好的生活质量让人民更幸福，也让整个国家更幸福。"

"只要坚定信念、久久为功，一定能实现脱贫"

在赤溪村参观期间的所见所闻，让莫桑比克驻华大使玛丽亚·古斯塔瓦非常有感触。她说："我看到了赤溪村发生的巨大变化，看到中国共产党和政府为提升当地村民生活水平所付出的努力。如今，当地村民们过上了幸福的生活，他们的脸上充满希望。"

当今世界面临诸多不确定性和挑战，新冠肺炎疫情加剧了不少发展中国家的贫困状况。但中国的脱贫故事让玛丽亚·古斯塔瓦相信，只要坚定信念、久久为功，一定能实现脱贫。今年是中莫建交45周年，谈及中国和莫桑比克的建交，玛丽亚·古斯塔瓦说："中国是我们真正的朋友，两国交往源远流长，彼此已经建立起深厚的友谊。未来，两国会继续拓展合作广度和深度。"

多国领导人发贺信点赞中国减贫成就：
将不可能变可能

人民网　2020年10月14日 // 记者　吕春荣

这两天，一场高规格的国际研讨会在福建召开。

10月12日至13日，由中共中央对外联络部和中共福建省委共同主办的"摆脱贫困与政党的责任"国际理论研讨会在福建举行。中共中央总书记、国家主席习近平向大会致贺信。

习近平在贺信中指出，当前，在各方共同努力下，全球减贫事业取得长足进展，但面临的困难和挑战仍然很严峻，迫切需要包括各国政党在内的国际社会凝聚共识、携手合作，坚持多边主义，维护和平稳定，加快推动全球减贫进程。希望与会嘉宾通过交流经验、总结规律，共商推进全球减贫事业，增强战胜贫困信心，为实现《联合国2030年可持续发展议程》目标贡献智慧和力量。

研讨会上，老挝人革党中央总书记、国家主席本扬，纳米比亚人组党主席、总统根哥布，津巴布韦非洲民族联盟–爱国阵线主席兼第一书记、总统姆南加古瓦，中非共和国团结一心运动创始人、总统图瓦德拉，马拉维大会党主席、总统查克维拉，阿根廷总统费尔南德斯，苏里南进步改革党主席、总统单多吉等多国领导人也通过书面或视频方式致贺。此外，还有来自100多个国家的约400位政党代表以及驻华使节、国际机构驻华代表、发展中国家媒体驻华代表、智库学者等通过线上或线下方式参会。

"中国将不可能变为可能"

消除贫困是世界共同面临的严峻挑战和必须解决的重大课题，是全人类的共同任务。近些年，中国在扶贫脱贫方面所取得的成就，为世界所瞩目。数据显示，中国贫困人口从2012年年底的9899万人减少到2019年年底的551万人，贫困发生率由10.2%降至0.6%，连续7年每年减贫1000万人以上。

中联部部长宋涛表示，中共十八大以来，以习近平同志为核心的党中央将脱贫攻坚摆在治国理政的突出位置，坚持把党的领导作为消除贫困的根本保证，把发展作为消除贫困的根本举措，把紧紧依靠人民群众作为消除贫困的根本力量，把制度建设作为消除贫困的根本保障，全面打响脱贫攻坚战，中华民族几千年来存在的绝对贫困问题将得到历史性解决，得到人民群众衷心拥护，这对中国和世界都具有里程碑意义。

对于近些年中国取得的减贫成就，与会的各国政党政要纷纷表示钦佩，在以习近平同志为核心的中共中央领导下，中国脱贫攻坚取得巨大成就，创造了世界减贫史上的奇迹，为世界减贫事业贡献了中国智慧和中国方案。

老挝人革党中央总书记、国家主席本扬是中国扶贫成就的"见证者"。此前，他在访华期间，曾先后赴习近平总书记亲自关心指导的湖南省湘西十八洞村和福建省宁德赤溪村考察中国的扶贫工作，目睹了中国人民在中国共产党的坚强领导下，推进脱贫攻坚事业取得的巨大成就。

对于中国减贫成就，他在贺信中指出，"中国共产党在短时间内带领十多亿中国人民解放和发展生产力，摆脱基本生活物资短缺的贫困状态,实现总体小康,取得了整个人类历史上前所未有的巨大成就。"

苏里南进步改革党主席、总统单多吉肯定了中国扶贫攻坚工作对世界具有重大意义。他在贺信中指出,"中国坚持以人民利益为重,在脱贫攻坚领域取得积极成果,让看起来不可能的事情变得可能,成为世界各国的榜样。"

津巴布韦非洲民族联盟-爱国阵线主席兼第一书记、总统姆南加古瓦也指出,在中国共产党的坚强领导下,中国因地制宜、分类施策,最终用几十年时间实现了7亿人成功脱贫,"这是中国推动人类发展的典范。"姆南加古瓦说。

肯尼亚朱比利党总书记图朱表示:"中国共产党带领中国人民脱贫致富的实践和成就,在人类历史上前所未有,让人深受鼓舞。中国减贫成就具有重大的世界意义。"

向中国"取经",对贫困宣战

纳米比亚人组党主席、总统根哥布在贺信中表示,"中国已经向世界表明减贫是可以实现的,在纳米比亚,我们一直都在向中国取经。"

根哥布表示,纳米比亚人组党借鉴中国共产党的脱贫经验,并采取了各种措施向贫困宣战。比如,为了减少贫困,我们特别设立了社会福利和减贫事务部,为老幼群体提供社会保障;设立"食物银行",帮助穷人获取食物;此外,还为失业的年轻人提供就业岗位,等等。

马拉维大会党主席、总统查克维拉同样力主向中国"取经"扶贫经验,在他看来,"幸运的是,在这条消除贫困、通往繁荣的道路上,我们并不孤独,我们可以学习中国的成功经验"。

当前,马拉维正致力通过"输血造血"实现脱贫。查克维拉在贺信中介绍,政党应发挥引领本国人民将自己看作是国家经济的建设者,

而非他国经济的消费者，并重新制定和设计政策，摒弃外国援助和负债，吸引外国直接投资。

加蓬民主党总书记本根扎说，"保持党和人民群众的血肉联系、加强党风廉政建设和农村基层党建、加强文化建设和农民教育、推进治理体系改革……中国的成功实践和经验值得我们学习借鉴。"

政党担当起责任

"政党在摆脱贫困中的责任和作用"，这是本次活动的一大议题。与会人士表示，带领人民脱贫致富，过上美好幸福生活，既是时代赋予各国政党的历史使命，也是各国政党应尽的责任义务。各国政党应当承担起责任，加强相互合作，共同为减贫贡献力量。

南非非国大总书记马加舒尔表示，"中国有效控制住疫情，经济社会生活迅速恢复，同时积极推动国际合作，为各国民众共同抗击疫情提供帮助。这是构建人类命运共同体的生动体现。"

中非共和国团结一心运动创始人、总统图瓦德拉回忆起两国开展菌草合作项目的故事，指出菌草合作项目为中非共和国农业发展开辟了一条新道路，有力促进减贫就业，增强食品安全，提高人民收入。图瓦德拉说，习近平总书记高度重视中国以及全球减贫事业。"人民一直是各领域务实合作的受益者，这证明了开展国际合作具有重要意义。"

"面对深刻复杂演变的国际形势和全人类共同面对的全球性挑战，世界各国和各国政党更应该密切配合，加强合作。我完全赞同并高度评价习近平总书记提出的人类命运共同体理念，这一理念顺应时代发展趋势。世界各国政党应加强协作，带领本国人民摆脱贫困，创造更加幸福美好生活。"本扬说。

为全球减贫事业提供中国经验

中国网 2020年10月14日

在中国国家扶贫日和国际消除贫困日即将到来之际,"摆脱贫困与政党的责任"国际理论研讨会10月12日在福州市开幕,中共中央总书记、国家主席习近平向会议致贺信。

决战决胜之年,我们不仅要如期打赢脱贫攻坚战,更要通过各种方式和渠道,与国际社会一道交流经验、总结规律,共商推进全球减贫事业,增强战胜贫困信心,为实现《联合国2030年可持续发展议程》目标贡献智慧和力量。

压实减贫责任。推动全球减贫事业发展是一项系统工程,需要国际合作,也需要各国自身努力。从中国的脱贫攻坚来看,从党的十八大以来,我们从全面建成小康社会要求出发,把脱贫攻坚作为实现第一个百年奋斗目标的重点任务,作出一系列重大部署和安排,全面打响脱贫攻坚战,困扰中华民族几千年的绝对贫困问题即将历史性地得到解决。到2020年现行标准下农村贫困人口实现脱贫,贫困县全部摘帽,解决区域性整体贫困,是中国共产党的庄严承诺。为了如期打赢脱贫攻坚战,从中央到地方,各级领导干部层层签订脱贫责任书,立下脱贫攻坚军令状。正是有了责任的压力和倒逼,才让中国的脱贫攻坚取得了翻天覆地的变化。对于全球减贫事业来说,压实各国政党的责任使命,才能形成强大的减贫合力,才能推动全球减贫事业的发展进步。各国政党要发挥主心骨作用,要领着群众干,带着群众去发展致富。

增强减贫信心。消除贫困是一项世界性的难题,既要有持续不断的坚守,也要有坚定不移的信心。从中国近年来的脱贫攻坚来看,正是整合了方方面面的力量,激发了社会各阶层的信心,持续用力,久久为功,一步一个脚印,才最终啃下了一块又一块"硬骨头"。无论面对怎样的发展困难,都要始终坚定信心,做到目标不变,信心不减,才能实现"爬坡过坎"。即便是面对突如其来的新冠肺炎疫情,我们始终聚焦脱贫攻坚,瞄准既定目标,矢志不渝地开展脱贫攻坚。对于全球减贫事业来说,更要牢固树立减贫信心,要瞄准《联合国2030年可持续发展议程》制定的减贫目标,踏踏实实抓好贯彻落实,要学习借鉴世界各国的减贫经验,结合本国的经济社会发展实际,不断探索实践,才能推动全球减贫事业持续发展。

突出减贫合作。当前,在各方共同努力下,全球减贫事业取得长足进展,但面临的困难和挑战仍然很严峻,迫切需要包括各国政党在内的国际社会凝聚共识、携手合作,坚持多边主义,维护和平稳定,加快推动全球减贫进程。从中国举办的"摆脱贫困与政党的责任"国际理论研讨会来看,本身就是一种广泛的国际减贫合作实践。通过对中国减贫事业的理论研讨和经验总结,为全球减贫事业注入信心动力,为世界各国推进减贫工作提供参考借鉴。在全球经济面临诸多不确定性的关键时刻,尤其需要世界各国政党发挥政治引领作用,凝聚各方共识,促进国际减贫合作,才能早日实现《联合国2030年可持续发展议程》目标。

"摆脱贫困与政党的责任"研讨会举行，持续深化国际减贫合作

澎湃新闻　2020年10月13日 // 记者　韩雨亭

10月12日至13日，由中共中央对外联络部和中共福建省委共同主办的"摆脱贫困与政党的责任"国际理论研讨会在福建福州举行。中共中央总书记、国家主席习近平向会议致贺信。

老挝人革党中央总书记、国家主席本扬，纳米比亚人组党主席、总统根哥布，津巴布韦非洲民族联盟－爱国阵线主席兼第一书记、总统姆南加古瓦，中非共和国团结一心运动创始人、总统图瓦德拉，马拉维大会党主席、总统查克维拉，阿根廷总统费尔南德斯，苏里南进步改革党主席、总统单多吉等多国领导人通过书面或视频方式对研讨会致贺。

在研讨会中，来自100多个国家的约400位政党代表和驻华使节、国际机构驻华代表、发展中国家媒体驻华代表、智库学者等通过线上或线下方式参会，围绕"中国脱贫攻坚与国际减贫事业""摆脱贫困与人类可持续发展""政党在摆脱贫困中的责任和作用"等议题开展交流。会议开幕式向全球进行直播。

中共中央对外联络部部长宋涛在致辞中表示，中共十八大以来，以习近平同志为核心的党中央将脱贫攻坚摆在治国理政的突出位置，坚持把党的领导作为消除贫困的根本保证，把发展作为消除贫困的根本举措，把紧紧依靠人民群众作为消除贫困的根本力量，把制度建设作为消除贫困的根本保障，全面打响脱贫攻坚战，中华民族几千年来存在的绝对贫困问题将得到历史性解决，得到人民群众衷心拥护，这

对中国和世界都具有里程碑意义。

当前，全球减贫进程仍面临诸多挑战，迫切需要国际社会加强减贫合作。各国政党要携手扛起消除贫困的政党责任；坚持互学互鉴，不断加强扶贫减贫经验交流；秉持多边主义，持续深化国际减贫合作；坚持求同存异，推动构建人类命运共同体，为实现《联合国2030年可持续发展议程》目标贡献智慧和力量。

福建省委书记于伟国在致辞中表示，习近平总书记始终把人民放在心中最高位置，把最需要帮助的贫困群众作为心中最深的牵挂，不管在哪里工作都矢志不渝推进扶贫开发，努力让人民群众过上美好生活。习近平总书记在福建工作时，就带领人民率先打响摆脱贫困攻坚战，为福建脱贫攻坚事业奠定了最坚实的思想基础、政治基础、工作基础。我们在学习践行习近平总书记在福建推进扶贫开发的创新理念和重大实践中，有四点深刻体会：一是始终把摆脱贫困作为巩固党的执政基础的战略举措，坚决扛起脱贫攻坚的政治责任；二是始终坚持扶贫扶志、弱鸟先飞，全面激发脱贫致富内生动力；三是始终坚持精准方略，努力探索因地制宜的脱贫致富路子；四是始终坚持滴水穿石、久久为功，持续跑好摆脱贫困的接力赛。

各国与会代表高度评价习近平总书记致会议的贺信，表示消除贫困是全人类的共同目标，减贫和发展是国际社会的共同任务。在以习近平同志为核心的中共中央领导下，中国脱贫攻坚取得巨大成就，创造了世界减贫史上的奇迹，为世界减贫事业贡献了中国智慧和中国方案。当前，面对人类减贫事业新形势，包括各国政党在内的国际社会应扛起消除贫困这一重要责任，采取共同行动、密切团结合作、加强经验分享，努力建设一个没有贫困、共同繁荣的世界。

中联部副部长郭业洲主持研讨会，福建省委常委、秘书长郑新聪，福建省副省长郭宁宁参加研讨会。

八国最高领导人亲致贺信，
这场理论研讨会为何规格如此之高？

《南方都市报》 2020年10月13日 // 记者 马嘉璐

一场八国最高领导人亲致贺信的高规格国际理论研讨会于10月12日在闽开幕。

在中国国家扶贫日和国际消除贫困日到来前夕，由中共中央对外联络部和中共福建省委共同主办的"摆脱贫困与政党的责任"国际理论研讨会于10月12日至13日在福建举行。

值得关注的是，此次研讨会规格之高并不多见，共有八个国家的最高领导人亲致贺信。中共中央总书记、国家主席习近平向会议致贺信，老挝人革党中央总书记、国家主席本扬，纳米比亚人组党主席、总统根哥布，津巴布韦非洲民族联盟－爱国阵线主席兼第一书记、总统姆南加古瓦，中非共和国团结一心运动创始人、总统图瓦德拉，马拉维大会党主席、总统查克维拉，阿根廷总统费尔南德斯，苏里南进步改革党主席、总统单多吉等多国领导人通过书面或视频方式致贺。

此外，来自100多个国家的约400位政党代表和驻华使节、国际机构驻华代表、发展中国家媒体驻华代表、智库学者等通过线上或线下方式参会，围绕"中国脱贫攻坚与国际减贫事业""摆脱贫困与人类可持续发展""政党在摆脱贫困中的责任和作用"等议题开展交流。会议开幕式向全球进行直播。

中联部部长宋涛在开幕式上宣读了习近平总书记的贺信。宋涛在致辞中表示，中共十八大以来，以习近平同志为核心的党中央将脱贫攻坚摆在治国理政的突出位置，坚持把党的领导作为消除贫困的根本保证，把发展作为消除贫困的根本举措，把紧紧依靠人民群众作为消除贫困的根本力量，把制度建设作为消除贫困的根本保障，全面打响脱贫攻坚战，中华民族几千年来存在的绝对贫困问题将得到历史性解决，得到人民群众衷心拥护，这对中国和世界都具有里程碑意义。当前，全球减贫进程仍面临诸多挑战，迫切需要国际社会加强减贫合作。各国政党要携手扛起消除贫困的政党责任；坚持互学互鉴，不断加强扶贫减贫经验交流；秉持多边主义，持续深化国际减贫合作；坚持求同存异，推动构建人类命运共同体，为实现《联合国2030年可持续发展议程》目标贡献智慧和力量。

福建省委书记于伟国在致辞中表示，习近平总书记始终把人民放在心中最高位置，把最需要帮助的贫困群众作为心中最深的牵挂，不管在哪里工作都矢志不渝推进扶贫开发，努力让人民群众过上美好生活。习近平总书记在福建工作时，就带领人民率先打响摆脱贫困攻坚战，为福建脱贫攻坚事业奠定了最坚实的思想基础、政治基础、工作基础。我们在学习践行习近平总书记在福建推进扶贫开发的创新理念和重大实践中，有四点深刻体会：一是始终把摆脱贫困作为巩固党的执政基础的战略举措，坚决扛起脱贫攻坚的政治责任；二是始终坚持扶贫扶志、弱鸟先飞，全面激发脱贫致富内生动力；三是始终坚持精准方略，努力探索因地制宜的脱贫致富路子；四是始终坚持滴水穿石、久久为功，持续跑好摆脱贫困的接力赛。

各国与会代表高度评价习近平总书记致会议的贺信，表示消除贫困是全人类的共同目标，减贫和发展是国际社会的共同任务。在以习近平同志为核心的中共中央领导下，中国脱贫攻坚取得巨大成就，创造了世界减贫史上的奇迹，为世界减贫事业贡献了中国智慧和中国方案。当前，面对人类减贫事业新形势，包括各国政党在内的国际社会应扛起消除贫困这一重要责任，采取共同行动、密切团结合作、加强经验分享，努力建设一个没有贫困、共同繁荣的世界。

中联部副部长郭业洲主持研讨会。福建省委常委、秘书长郑新聪，福建省副省长郭宁宁参加研讨会。

线下参会代表还将赴宁德实地考察，并参加"宁德故事"分享会。

会议结束为何这位驻华大使
想再多待一星期？寻找中国脱贫秘诀

《南方都市报》 2020年10月15日 // 记者 马嘉璐

为期两天的研讨会结束，还有驻华大使提出希望"多待一星期"，为的是可以将中国扶贫经验"更好地带回本国"。

这是疫情以来中共中央对外联络部举办的首场全球性政党交流活动。在中国国家扶贫日和国际消除贫困日到来前夕，由中共中央对外联络部和中共福建省委共同主办的"摆脱贫困与政党的责任"国际理论研讨会于10月12日至13日在福建举行。

两天内，来自100多个国家的约400位政党代表和驻华使节等，通过"线上+线下"的方式齐聚福建交流脱贫经验。现场参会的近30位外宾还深入福州、宁德多地进行实地考察。

值得关注的是，这场研讨会有八国最高领导人亲致贺信，规格之高颇为罕见。此外，会议设计处处体现互学互鉴的精神，自由讨论环节有多位外宾向中方提出了建设性的建议。

"脱贫不可能千篇一律。"中联部部长宋涛表示，中国共产党愿意继续毫无保留分享中国消除贫困的经验，并秉持多边主义吸收一切人类文明的优秀经验。

为何中国脱贫受到如此多的国际关注？中联部有关部门负责同志分析，许多发展中国家都迫切希望借鉴中国经验寻找到自身的脱贫道路,而中国取得的成就"极大地提振了广大发展中国家的精气神"。

八国最高领导人致贺,规格之高颇为罕见

这场国际理论研讨会规格之高,颇为罕见。中共中央总书记、国家主席习近平向会议致贺信,老挝人革党中央总书记、国家主席本扬,纳米比亚人组党主席、总统根哥布,津巴布韦非洲民族联盟－爱国阵线主席兼第一书记、总统姆南加古瓦,中非共和国团结一心运动创始人、总统图瓦德拉,马拉维大会党主席、总统查克维拉,阿根廷总统费尔南德斯,苏里南进步改革党主席、总统单多吉等多国领导人通过书面或视频方式致贺。

此外,还有近20位政党党首参会,比如印尼民族觉醒党总主席穆海敏、南非非国大总书记马哈舒勒、匈牙利社会党主席昆豪尔妮等等,英国共产党总书记格里菲斯也作了书面发言。

中联部部长宋涛宣读了习近平总书记的贺信:"困扰中华民族几千年的绝对贫困问题即将历史性地得到解决"。习近平表示,我们有信心、有能力坚决夺取脱贫攻坚战全面胜利,提前10年实现《联合国2030年可持续发展议程》的减贫目标,完成这项对中华民族、对人类社会都具有重大意义的伟业。当前,在各方共同努力下,全球减贫事业取得长足进展,但面临的困难和挑战仍然很严峻,迫切需要包括各国政党在内的国际社会凝聚共识、携手合作,坚持多边主义,维护和平稳定,加快推动全球减贫进程。

来自100多个国家的约400位政党代表和驻华使节、国际机构驻华代表、发展中国家媒体驻华代表、智库学者等通过线上或线下方式参会。

为何这场研讨会能够吸引如此多的关注？

"这充分体现了各国对消除贫困这一重大议题的高度重视。"中联部部长宋涛表示，今年是中国脱贫攻坚战的收官之年，中国有信心实现现行标准下农村贫困人口全部脱贫，贫困问题将得到历史性解决。"这对中国和世界都具有里程碑意义。"

"在疫情背景下，国际社会都在关注中国能否如期完成脱贫目标。"中联部有关部门负责人分析，来自亚非拉和欧洲地区多国政党政要参与研讨会，实际上寄托了各国的一种普遍愿望，那就是希望能够从中国共产党的大政方针、中国智慧中获得某种启发，寻找到解决自身问题的一些方法路径。

理论实践相结合，探寻中国脱贫"秘诀"

为期两天的理论研讨会，将理论研讨、政策宣示和实地考察有机结合，尤其是赴福州、宁德考察令人印象深刻。

"在福建，在整个中国，我看到了中国实实在在走出贫困的巨大成就。"加蓬驻华大使埃拉表示，"近朱者赤"，中国脱贫经验对于全世界来讲都有非常重要的意义，"因地制宜""扶贫先扶志、扶贫必扶智"等经验不仅适用于亚洲，也同样适用于非洲。肯尼亚朱比利党总书记图朱也表示，"中国减贫成就具有重大的世界意义。"

中国的经验到底是什么？福建省委书记于伟国分享了四点体会：一是始终把摆脱贫困作为巩固党的执政基础的战略举措，坚决扛起脱贫攻坚的政治责任；二是始终坚持扶贫扶志、弱鸟先飞，全面激发脱贫致富内生动力；三是始终坚持精准方略，努力探索因地制宜的脱贫致富路子；四是始终坚持滴水穿石、久久为功，持续跑好摆脱贫困的接力赛。

在此行参访赤溪村、宁德市摆脱贫困主题展览等多个场合，斐济驻华大使坦吉萨金鲍都看到中方反复强调"扶志扶智"这条扶贫"宝典"。"中国的做法是鼓舞人们充满工作的热情，而不是把许多想法只挂在嘴上。如果只有政府援助，人民却很懒惰，甚至认为贫穷、逃避工作是自己的自由权利，这样是无法摆脱贫困的。"坦吉萨金鲍对此印象尤为深刻。

巴哈马驻华大使宽特同样关注到"扶志扶智"的重要性。"政府可以把农民从村庄搬到城市，但却不能把他们曾经赖以谋生的土地也一齐搬过来。"宽特说，这就需要使贫困民众产生努力奋斗的思想，让他们发展新的产业，改变旧的生活方式。

摩尔多瓦驻华大使贝拉基什三十年来多次访问中国，在被任命驻华大使后，更是有机会"从内部观察中国改革开放以来取得的发展成就，而这一成就堪称是现象级的"。贝拉基什把中国的脱贫攻坚称作"第二次长征"，他认为，中国的扶贫政策能够取得成效，与政府的动员能力、民众的勤劳奋斗、强大的政策执行力密不可分。

"脱贫不可能千篇一律"，互学互鉴双向交流

为何说中国的减贫经验有重大的世界意义？

对此，中联部有关部门负责人分析，关于摆脱贫困问题，不同的国家有不同的办法。中国特色的减贫道路和相关经验做法既是基于中国实际的创新创造，也蕴含了世界解决贫困问题的方案，对于发展中国家具有重要参考借鉴价值。

该负责人说，当前国际形势各种乱象的背后是发展问题，尤其是

发展不平衡问题。要摆脱贫困，政党能发挥什么作用？对中国共产党来讲，党的领导是消除贫困的根本。但不同的政党扮演的角色不太一样，需要大家加强经验交流、互学互鉴。

"互学互鉴"，处处体现在此次研讨会的各个环节中。

13 日举行的时长 90 分钟的宁德故事分享会，有 40 分钟专门留给了自由讨论，现场外宾可以随时举手进行发言，提出自己的疑惑或者建议。

苏丹驻华大使卡拉尔第一个发言。他提议，中方可以将介绍扶贫经验的部门集中在一个机构，由该机构收集中国各地的案例，并向外方介绍。"这样沟通起来会更为方便。"

多米尼加驻华大使塞古拉关注到，中国提前 10 年完成联合国 2030 减贫目标，那么如何防止脱贫民众返贫？宁德市委书记郭锡文则从"不脱责任、不脱帮扶、不脱监管、不脱政策"四个方面进行了解答。

南都记者观察到，萨摩亚等多国驻华大使都在询问，中国是否有计划向国际推广自己的扶贫经验？

"扶贫领域的交流不是单向的，而是双向的。" 中方有关负责同志表示，我们不"输入"外国模式，也不"输出"中国模式，不会要求别国"复制"中国的做法，愿意同各国就摆脱贫困进行经验交流。

中联部部长宋涛在开幕式的主旨发言中也表示，脱贫与各国的文化传统、制度模式都有直接的关系，不可能千篇一律。中国共产党始终以开放的眼光、以开阔的胸怀，对待世界各国的文明创造，主张从世界多样性出发，尊重各国自主选择解决贫困问题的途径和方式，反对在国际合作中以政治制度和意识形态划线，反对挑起新冷战、文明冲突和搞零和博弈。

"非洲不可以直接复制粘贴中国的经验，因为这是基于中国千年的发展历史，基于中国特色社会主义。但是非洲可以借鉴中国的发展经验，探寻建设一个非洲的发展模式，更好地造福非洲人民。"布基纳法索驻华大使孔波雷说。

中国成就提振精气神，"减贫是可以实现的"

实际上，除中国外的其他国家，今年减贫形势并不乐观。据世界银行数据，受新冠肺炎疫情影响，预计全球有约一亿人重返贫困。

印尼民族觉醒党总主席、国会副议长穆海敏直言，印尼因为疫情增加了163万贫困人口，贫困人口总量增至2642万人。他表示，政党必须在帮助和带领全体民众脱贫中体现应有的担当和作为，"根据每个国家的实际来推行扶贫政策，政党最大的责任就在于此。"

马拉维大会党主席、总统查克维拉在给研讨会的贺信中清醒地分析马拉维当前面临的局势：50%的人口生活在贫困线以下，20%的人口极端贫困。而马拉维过去依赖外国援助、借外债投资无价值项目的做法，都无法消除贫困，反而因政府腐败使情况雪上加霜，使纳税人背上沉重债务。

"中非共和国自然资源非常丰富，但人民生活非常贫困。这两个极端很难解释。"中非驻华使馆临时代办贝朗在发言时表达出很多驻华使节的心声："看到宁德付出了如此大的努力成功脱贫，我就扪心自问，我们能不能也实现脱贫？"

布基纳法索驻华大使孔波雷表示，非洲国家如果能够汲取中国的发展经验，基于非洲民众的实际生活条件进行长期不懈的努力，也可以走出贫困。

"中国已经向世界表明，减贫是可以实现的。"纳米比亚驻华大使凯亚莫从中国脱贫历程中获得信心。马拉维大会党主席、总统查克维拉说，马拉维有幸学习中国经验，并得到中国的支持，这让他们知道马拉维在"通往繁荣的道路上并不孤独"。

"广大的发展中国家对中国的脱贫实践很感兴趣。为什么这么多外宾来参加这次研讨会？他们从中获取到一种信心，那就是本国的脱贫也是可以实现的，这一点非常重要。"中联部有关部门负责人说，中国的扶贫成就极大地提振了广大发展中国家的精气神，中国向外宾介绍脱贫经验，这对许多发展中国家来说都很有启发意义。

为期两天的研讨会临近结束，有参会的驻华大使提出，希望在宁德多待一些时间，更多地了解宁德故事，以便自己能更多地把这些经验带回本国。

近 30 位驻华使节到访"中国扶贫第一村"：减贫要不要学中国？

《南方周末》 2020 年 10 月 15 日 // 记者 苏有鹏

秘鲁驻华大使路易斯·克萨达发现，相较于"频繁与商人、文化学者打交道"，中联部组织的参访，往往深入中国庞大政治体系的毛细血管。

整整 7 分零 5 秒，古巴驻华大使佩雷拉举着手机，一直未放下。他将中共中央总书记习近平 4 年前与赤溪村村民连线通话的视频，完整地转录了下来。这位去年刚上任的大使，正努力记录中国扶贫的每一个细节。

2020 年 10 月 13 日，一阵小雨飘过赤溪村的上空。村民们用白茶、畲族山歌，迎接包括佩雷拉在内的近 30 位驻华使节。

1984 年，一封反映赤溪村下山溪畲族自然村群众贫困状况的"读者来信"被刊登在《人民日报》头版，引起中央关注。全国性扶贫攻坚工作于当年拉开序幕后，这个位于福建宁德磻溪镇东南部的村落，被称为"中国扶贫第一村"。

佩雷拉一行到达后，村党总支书记杜家住专门把外宾请到了保留着 20 世纪 70 年代风格的人民会堂里，舞台两侧红幕低垂。"当年附近几个村都有人民公社，现在就我们保留下来，2013 年还翻修过。"

杜家住的脸上写满自豪。

前一天，佩雷拉还在福州参加了"摆脱贫困与政党的责任"主题研讨会（以下简称"研讨会"），研讨会由中共中央对外联络部和中共福建省委共同举办，线上和线下发言相互配合。

围绕各国如何脱贫、政党间如何合作等议题，来自一百多个国家的约四百位政党代表、驻华使节展开了长达 4 个小时的讨论，除了到场的近 30 名驻华使节，其他人员都通过线上出席。

会后，埃及大使穆罕默德·巴德里向中方说出自己的看法："中国经验是现成的，为何不学？"

这并非中联部第一次对外讲述中国脱贫故事。早在 2017 年 4 月，云南省委书记陈豪就作为省级"一把手"，在中联部举办的宣介会上直接面向外宾，聊起了云南的精准扶贫。

作为中国共产党对外工作的职能部门，中联部同一百六十多个国家和地区的六百多个政党和政治组织保持经常性联络。2020 年，中国的脱贫攻坚工作即将收官，由负责中国共产党党际交往的部门召集多国政党政要、驻华使节讨论贫困议题，是在向世界各国释放希望就相关问题进行政党合作的信号。

政党间交流更为"抽象"

研讨会召开之前，中联部先安排与会者参观了福州市行政（市民）服务中心，该中心管委会主任张晓容介绍道，"一栋楼办公，一条龙服务，多项事务可实现秒批"。

交流处处体现着理念的多元。当张晓容向参观者演示如何用身份证自助打印社保证明后，保加利亚驻华大使格里戈尔·波罗扎诺夫疑惑,是不是每个人的信息都录入大数据系统。而非洲的代表则提问,整个市民服务中心里,哪些项目是不需要收费的。"拍照、打印和茶水。"张晓容笑答,"单是拍照一项,每年就能给市民节省总计2000万左右的开支。"

政党层面的交流往往更为"抽象",秘鲁驻华大使路易斯·克萨达发现,相较于"频繁与商人、文化学者打交道",中联部组织的参访,往往深入中国庞大政治体系的毛细血管,"能看到中国共产党基层党组织的运作"。

2020年10月13日,线下与会使节在福建省宁德市参观了"摆脱贫困"主题展览。为了满足进一步讲好中国共产党脱贫攻坚的故事,讲解员李启提前一个月就拟好讲解提纲,"少谈成就,力道使在如何一步步摆脱贫困上。"李启对南方周末记者说,即便花了很多时间准备,但在讲解前一天,她又对讲稿进行了第五次修改,"加入不少故事,避免讲述教条化"。

不过,在理念碰撞的场域中,多元永远是底色。

研讨会线上发言者遍布世界各地,从最西端的意大利到最东端的古巴,几乎横跨一个地球。研讨会开始前,福建省外办工作人员提前一小时,一对一,让每一个参会者调整摄像头位置,避免出现逆光、人像歪斜的情况。而开会过程中,南方周末记者从大屏幕闪烁的画面上留意到,有数百名外国政党代表围观。

就贫困线的设置,各国划定的标准也不尽相同。尼泊尔共产党中央书记主张的标准是1.9美元,而孟加拉国共产党(马列主义)总书记则认为应当是5.5美元。

"很难复制，但可以借鉴"

中联部部长宋涛在研讨会上发言说："中国连续7年年均减贫1000万人以上，创造了全球减贫奇迹，演绎了人类历史上'最成功的脱贫故事'。我们将与各国政党加强交流对话，不断增进国与国之间、政党与政党以及民众之间的相互理解与信任，推动构建人类命运共同体。"

"如果允许的话，我可以在宁德待一个星期。"有大使向宁德市委书记郭锡文表示，时间仓促，还没学到宁德扶贫的"精妙"之处。此刻，郭锡文刚刚用PPT向外宾汇报完宁德扶贫的历程。

几乎每一个与会外宾，都祝贺中国将提前10年完成《联合国2030年可持续发展议程》的减贫目标，他们用英语、法语或阿拉伯语说着在中国耳熟能详的"久久为功、弱鸟先飞"，并表示愿意从"中国实践"中吸取养分。

在"宁德故事"分享会上，苏丹驻华大使加法尔·卡拉尔建议，"成立一个研究机构，向世界特别是友好国家分享减贫经验"。中非共和国驻华使馆临时代办乔纳森·贝朗表示中方应该更多向外界介绍宁德扶贫模式。对此，中方有关负责同志表示，我们不"输入"外国模式，也不"输出"中国模式，不会要求别国"复制"中国的做法，但愿意同各国就摆脱贫困进行经验交流。

中国的贫困发生率从1978年的97.5%下降到2019年底的0.6%，数十年大规模的扶贫开发，已累计使7.9亿左右人口摆脱了贫困。"中国实践"在于有实践经验，但结合各国国情，到底哪些经验会被采纳？

布基纳法索驻华大使孔波雷对南方周末记者表示："我们很难复

制中国的模式，但是愿意借鉴中国的扶贫经验。"孔波雷认为，千年的发展史和中国特色社会主义制度，让中国实践具有本土性，"非洲需要在探索中走适合的模式"。

参访过程中，穆罕默德·巴德里向张晓容要了提升政府能力的宣传册，准备寄回埃及，格里戈尔·波罗扎诺夫则期望能与新能源开发公司的负责人"认识一下"。

相较于其他地区的大使，非洲的大使们发言更为积极。纳米比亚驻华大使表示："我们现在不想学跳舞，也不想学种茶。"这位来自非洲西南部、国境中拥有"一半海水、一半沙漠"奇景的大使提出请求："让我们国家的年轻人来中国学习取经吧！"

如何解决相对贫困

世界银行曾预估，受新冠肺炎疫情影响，2020年全球将约有1亿人口重返极端贫困。一味肯定中国的成就并不是研讨会的主旋律，不少代表就提出：当中国实现脱贫攻坚之后，如何防止返贫？又如何解决相对贫困问题？

2020年5月14日，"后扶贫时代"出现在广东省清远市的政府工作报告中。面对缺乏稳定性的新脱贫户和亟待解决的相对贫困户，在"后扶贫时代"，不仅要建立防止返贫的长效机制，也要注重脱贫成效的可持续性。

除了脱贫工作本身进入一个新的历史阶段外，在中国扶贫故事的对外传播中，"中国实践"也收获了更多的认同。佩雷拉就对南方周末记者说："扶贫问题可能是中国与世界交流的重要话语平台。"

中国传媒大学人类命运共同体研究院副院长姬德强认为，贫困不直接等同于个体经济问题，教育、健康、社会制度的维度不容忽视。因此，"中国的扶贫话语实际上绑定了独特的家国叙事和社会主义的精神内核"。

姬德强还发现，在扶贫故事的对外传播上，如果过于凸显背后的政治因素，往往会被国际社会的偏见所扭曲，从而产生事倍功半的效果。"尝试做做减法，让去语境化的个体、技术和村庄亮相，把关注的重点放回联合国减贫目标这个'最大公约数'上来。"

在"摆脱贫困之路"主题展的参观团中，有外宾看到杜家住也在，他们热情邀请杜家住在写着"中国扶贫第一村"的石头前合影，拍照时，外宾还特意提示，要把"赤溪"两个红色大字拍到。

"中国为世界各国树立了榜样"

——访"摆脱贫困与政党的责任"国际理论研讨会参会外宾

《福建日报》 2020年10月13日 // 记者 林清智 严顺龙

12日,参加"摆脱贫困与政党的责任"国际理论研讨会的外宾在福州接受了媒体专访,就政党在摆脱贫困中的责任、福建乃至中国的脱贫成就和经验等话题,结合本国实际各抒己见。大家纷纷祝贺中国即将取得脱贫攻坚战的胜利,为中国的脱贫成就点赞。大家表示,中国为世界各国树立了榜样,中国共产党是其他各国政党学习的典范,希望能借鉴中国的脱贫经验助力本国发展。

"福建的脱贫历程是一个奇迹"

"如果用一个词语来形容福建的脱贫历程,我会说这是一个奇迹。"埃及驻华大使穆罕默德·巴德里表示,自己虽然是第一次来福建,但通过参加研讨会,对福建留下了深刻的印象。他说,中国即将提前10年实现联合国2030年可持续发展议程的减贫目标,中国的脱贫事业可以说是"富有远见和成功的",这得益于中国领导人富有与贫困作战的勇气和愿景——发起了脱贫攻坚战,并且脚踏实地地行动,积累了丰富的经验,"福建是这种愿景和行动中的一个成功故事"。

中国、福建的发展成就令与会嘉宾赞叹不已。加蓬驻华大使波德莱尔·恩东·埃拉在接受采访时感慨道,亲身经历并见证了中国7亿多人口摆脱贫困和经济快速发展，通过此次研讨会可以更好地知道如何摆脱贫困。

受访外宾一致认为，中国能在脱贫攻坚战中取得成功不是没有理由的，其中一个重要的因素就是以习近平同志为核心的中国共产党领导。

波德莱尔·恩东·埃拉仔细研读了习近平的著作，他认为，正是有了习近平新时代中国特色社会主义思想的引领，中国才能够在摆脱贫困方面取得巨大成就。

阿塞拜疆驻华大使阿克拉姆·杰纳利则以《摆脱贫困》一书为例，说道："读完这本书，深刻地了解到习近平总书记和中共中央一直都把人民摆在最重要的位置，并致力于给人民创造幸福的生活。"

"中国的经验具有世界意义"

本次研讨会主题是"摆脱贫困与政党的责任"，在谈及政党的责任时，受访嘉宾不止一次地指出，"中国为世界各国树立了榜样"。"中国经验"成为外宾热议的关键词。

卢旺达驻华大使詹姆斯·基莫尼奥认为，政党的存在就是为了实现人民的期望，中国共产党成功地带领人民走出了贫困，帮助人民安居乐业，保障了人民的安全、国家的发展，"我们要向中国共产党学习如何取得这些成功"。

"不同的政党、不同的国家合作并且互帮互助，将更好更快地摆脱贫困。我们有一个非常好的榜样，那就是中国。"阿克拉姆·杰纳利表示，其他发展中国家需要借鉴中国的经验，只要所有的政党愿意学习中国共产党的成功经验，就能够携手摆脱贫困。他希望接下来能够通过交流，学习中国脱贫的经验，更好地应用到阿塞拜疆的脱贫工作中。"相信各国的政党只要都像中国共产党一样把人民放在第一位，那么我们在脱贫攻坚的事业上就会取得更大的成功。"

"正如中国俗语所说，近朱者赤，我们也希望能够进一步借鉴中国的经验，更好地推动加蓬的脱贫工作。"波德莱尔·恩东·埃拉同样表示，中国的经验对于全世界来讲都有非常重要的意义，对于非洲、对于加蓬来说也具有重要的意义，中国脱贫的做法和经验，包括"因地制宜""扶贫与扶志相结合"等，不仅适用于亚洲，也同样适用于非洲、南美洲等其他大陆，中国在全世界的脱贫攻坚事业中发挥着重要作用。

在詹姆斯·基莫尼奥看来，团结给人力量，只要团结合作，就能解决包括贫困在内的各种问题。他表示，卢旺达执政党可以在许多方面向中国共产党学习、进行多方面的合作。"我们不需要重新去创造这些经验。中国共产党已经向世界证明了自己的成功经验，我相信和中国共产党的合作能够帮助我们进步。"

中国经验福建实践助力全球减贫事业
——"摆脱贫困与政党的责任"国际理论研讨会侧记

《福建日报》 2020年10月14日 // 记者　林清智　严顺龙

在决胜全面建成小康社会、决战脱贫攻坚的关键时刻，在中国国家扶贫日和国际消除贫困日到来前夕，一场面向全球的重大会议在福建举行。习近平总书记专门为会议发来贺信。

10月12日至13日，这场由中共中央对外联络部和中共福建省委共同主办的"摆脱贫困与政党的责任"国际理论研讨会，吸引了全球关注的目光：来自100多个国家的约400位政党代表和驻华使节、国际机构驻华代表、发展中国家媒体驻华代表、智库学者等通过线上或线下方式参会。

本次研讨会包括开幕式、主旨演讲、理论研讨、实地考察等内容。会场上，与会人士各抒己见、畅所欲言，共同研讨"摆脱贫困与政党的责任"，共享减贫经验；场外，线下参会外宾赴福州、宁德考察，聆听福建消除贫困的故事，通过"福建样本"感受"中国奇迹"。

研讨：中国减贫奇迹引发热议

贫困是困扰人类几千年的世界性难题，消除贫困自古就是人类梦寐以求的理想。

福建是习近平总书记工作了 17 年半的地方，是习近平总书记关于扶贫工作重要论述的发源地之一。12 日下午的研讨会，以《梦想照亮现实》视频短片开场。短片生动再现了习近平总书记在福建特别是宁德工作期间带领人民摆脱贫困的伟大实践。

宁德的变迁、福建的发展是中国共产党践行初心使命、领导中国人民实现伟大梦想的一个缩影。中国连续 7 年年均减贫 1000 万人以上，创造了全球减贫奇迹，演绎了人类历史上"最成功的脱贫故事"，截至目前已使 7 亿多人摆脱贫困，对世界减贫的贡献率超过 70%。

来自多个国家的党政领导通过书面或视频方式致贺，高度评价在以习近平同志为核心的中共中央领导下中国脱贫攻坚取得的历史性成就，一致认为各国政党应发挥政治引领作用，凝聚各方共识，促进国际减贫合作。

在主旨演讲和理论研讨环节，中联部部长宋涛、福建省委书记于伟国与中外嘉宾围绕"中国脱贫攻坚与国际减贫事业""摆脱贫困与人类可持续发展""政党在摆脱贫困中的责任和作用"等议题，开展对话交流。

尽管受到疫情冲击，中国仍将如期实现现行标准下农村贫困人口全部脱贫，提前 10 年实现《联合国 2030 年可持续发展议程》的减贫目标，中华民族几千年来存在的绝对贫困问题将得到历史性解决。

当前，国际社会都在关注和思考、研究中国成功减贫的"秘密"。与会人士在盛赞中国的脱贫成就之余，不约而同地聚焦中国经验、福建实践。

孟加拉国共产党（马列主义）总书记巴鲁阿说，中国政府在全球的减贫事业当中，发挥了模范性作用。中国的治理体系具有内在驱动力，并且有着良好的体制机制，社会主义制度焕发出了新的活力。

俄罗斯联邦共产党中央副主席诺维科夫认为，中国共产党的成功秘诀在于：将脱贫视为国家发展的一大重要方向，将经济发展的全部动力投入到消除贫困中。

埃及驻华大使穆罕默德·巴德里说，中国的脱贫事业可以说是"富有远见和成功的"，这得益于中国领导人富有与贫困作战的勇气和愿景——发起了脱贫攻坚战，并且脚踏实地地行动，积累了丰富的经验，福建是这种愿景和行动中的一个成功故事。

会内会外，参会外宾畅谈感受。大家认为，福建是习近平总书记工作过17年半的地方，在这里讨论扶贫十分合适。带领人民脱贫致富，过上美好幸福生活，既是时代赋予各国政党的历史使命，也是各国政党应尽的责任义务。中国是样板，要学习中国的经验做法。面对疫情的严峻挑战，各国政党应当承担起责任，加强相互合作，共同为全球减贫事业贡献力量。

考察："中国扶贫第一村"惊艳众人

摆脱贫困，福建有着怎样的故事和实践？

13日，线下参会代表来到福建宁德实地考察，首站是福鼎市磻溪镇赤溪村。近30位驻华使节一路走、一路看、一路问，深入了解该村的脱贫历程，感受"中国扶贫第一村"的发展脉动。

山环水绕、风景如画、空气清新，来到赤溪村，使节们纷纷掏出手机定格美景。沿着整洁的石道走进村庄，文化长廊上"全面实现小康 少数民族一个都不能少 一个都不能掉队"的标语映入眼帘，大家争相拍照"打卡"。

在人民会场,大家一起观看2016年习近平总书记与赤溪村干部群众连线的视频。在扶贫展示厅,大家详细听取赤溪村脱贫历程介绍。

在畲家白茶体验馆门口,好客的20余名身穿畲族服装的年轻男女拍着手唱着畲族民歌,欢迎远到的客人。置身富有田园气息的新农村,品尝着当地产的白茶和美食,大家纷纷为赤溪村的崭新面貌点赞。

"第一次到这个山村,令人惊喜""村民们的笑容,让我印象深刻"……到访的外宾们大多是第一次来到赤溪村,他们告诉记者,初见赤溪村感觉非常美好,让他们对摆脱贫困后的新生活有了更深的认识。

"尽管事先就知道这里已经脱贫了,但没想到发展得这么好,村民们都很幸福,他们的笑容令人难忘。"塞浦路斯驻华大使图马齐斯高度评价了赤溪村的现状。

"非常漂亮。"巴基斯坦驻华大使夫人笑着说,很荣幸能够来到这里。"这里环境很优美,生活在这里很舒适。你们做了一项伟大的工作。"她希望,赤溪村能够一代代延续这种好势头。

泰国驻华大使阿塔育表示,这里的人民从发展中受益,他们十分乐观、热情好客。他认为,赤溪村是发展的榜样,偏远山区的脱贫和发展经验很有借鉴意义。"我们国家也有很多遥远村庄,现在也要发展旅游、保护环境,可以学习借鉴。"

"我以为会看到很多老旧房子,没想到整个赤溪村都建设得非常好。"巴哈马驻华大使斯特林·宽特表示,这次赤溪之行令人难忘,村民的精神面貌非常好。"脱贫不仅仅是物质上的,更是精神、文化的富足,我更加理解了'扶贫先扶志'的意义。"

感悟：要把成功经验带回去

离开赤溪村，使节们参观了宁德时代新能源科技有限公司、宁德市"摆脱贫困"主题展览，并参加"宁德故事"分享会，听取当地经济社会发展、扶贫和党建工作情况介绍。

面朝大海，背倚群山，宁德曾经是中国18个集中连片贫困区之一，集"老、少、边、岛、贫"于一体，全区9个县有6个是国家级贫困县，曾是福建最贫困的地方。

面对宁德的贫困状况，在担任宁德地委书记期间，习近平总书记把带领人民摆脱贫困放在首位，把更多的人力、财力、物力和精力都用在了攻克贫困上，提出"弱鸟先飞""滴水穿石""久久为功"等创新理念，亲自倡导实践"四下基层"工作制度等等，翻开了闽东扶贫开发和摆脱贫困的历史性、决定性篇章。

在习近平总书记亲自打下的坚实基础上，宁德人民牢记嘱托、接续奋斗，把当年十分贫困的闽东建设成为产业兴旺、百姓富足、环境优美的幸福家园。去年，宁德市GDP达2451亿元，比习近平总书记到宁德工作前的1987年增长了近80倍。

宁德市"摆脱贫困"主题展览图文并茂地记录这一蜕变历程。在这里，第一次来福建的斯特林·宽特一边认真听讲解，一边用纸笔记录扶贫举措。他说："展馆信息非常丰富，习近平总书记在宁德期间的扶贫理念引领宁德人民一步步地走出贫困，我深受启发。"

两天的丰富行程，给驻华使节留下了深刻印象，外宾们纷纷表示收获很大。

"扶贫要有耐心，要有久久为功的精神，因为脱贫这个过程不是三年五年就能完成的。扶贫要有强大的领导力和意志，才能够坚持下去。"阿塔育这样分享他的体会。

"之前很认真地读过《摆脱贫困》这本书，通过这次活动对书中观点有了更深的体会。"斯特林·宽特表示，此行让他对"扶贫同扶志、扶智相结合"等理念的理解更深。他认为，除了好政策外，建立一套机制并不断向前努力奋斗是防止返贫的关键。

"我对在福建的所见所闻非常惊叹，认识到了扶贫不仅是提供好的生活，同时也是减轻人民的压力、提供精神文化方面的更高需求。我要将中国经验带回我的国家。"穆罕默德·巴德里说。

占巴驻华大使卡洛斯·米格尔·佩雷拉表示，通过此次研讨和访问，他更深刻感受到了中国特色社会主义制度的活力。"我们要借鉴福建省的好经验，特别是扶贫的成功实践。"

"宁德故事"分享会是本次研讨的收官活动。在3位驻华大使陆续发言后，自由互动交流环节上演了"抢话筒"的一幕，10位驻华使节先后举手发言。大家都表示，很荣幸受邀参加研讨会，在福建看到的一切让人深受启发，回国后将向同胞介绍在宁德、福建、中国的所见所闻、所学所感。

"福州发展未来可期！"

——参加"摆脱贫困与政党的责任"国际理论研讨会嘉宾点赞榕城

《福州日报》 2020 年 10 月 13 日 // 记者 钱嘉宜

昨日，由中共中央对外联络部和中共福建省委共同主办的"摆脱贫困与政党的责任"国际理论研讨会在福州召开。会前，百余位中外代表和境内外媒体参观了三坊七巷和市民服务中心。一路上，与会嘉宾边听讲解，边拍照留念，为闽都历史文化的厚度和福州便民服务的速度竖起大拇指。

拥有 2200 多年建城史的福州，孕育了海纳百川、底蕴深厚的闽都文化。位于城市核心区的三坊七巷历史文化街区尽得闽都文化精髓。在参观叶氏故居和福建民俗博物馆时，宾客们直观感受到了福州和福建悠久灿烂的文化。

"中华文化博大精深，各个地区又有不同的特色，这十分有趣。三坊七巷保护得如此完好，彰显着当地政府对历史文化遗产保护的重视和长期努力，这不是一日可以做到的。"阿塞拜疆驻华大使阿克拉姆·杰纳利表示。

香气扑鼻的白茶、声调婉转的闽剧、院落深深的古民居……穿梭于坊巷之间，外宾们频频举起手机，留下独特的闽都记忆。

在市民服务中心，大厅背景"马上就办 真抓实干"的标语格外醒目。"'马上就办'引领福州一路快跑，是城市精神的一张名片！"中心负责人的介绍得到了外宾的广泛认同。

近年来，福州深化行政审批制度改革，市民服务中心更是创下多个"全国第一"。"超级窗口"打包办理事项超百件、不带身份证也能取号办事、自助设备24小时开放……温馨的办事环境与快捷的办事效率，赢得外宾点赞不断。

"福州是一座很有潜力的城市！"参观结束后，不少来宾表示，福州颜值与内涵并存，相信在久久为功的努力下，城市发展未来可期。

福州市市民服务中心
便民举措实力"圈粉"
埃及大使频频点赞

《福州日报》 2020年10月14日 // 记者 叶娴

12日上午,埃及驻华大使穆罕默德·巴德里来到福州市市民服务中心参观并了解便民服务相关举措。"福州的便民举措让我印象深刻,我想把这套经验带回去,未来也希望组织我国代表团来榕学习、交流。"巴德里大使告诉记者。

据悉,"摆脱贫困与政党的责任"国际理论研讨会12日在榕开幕,包括埃及在内的多国驻华使节等参会。会前,巴德里大使随使节团到访此地,高度肯定"秒批""便捷通道"等项目,会后他提出希望再次详细考察。

在市民服务中心,巴德里大使展现出浓厚的兴趣。在1楼的"马上就办 智能'秒批'"大厅,巴德里向工作人员仔细询问"秒批"的原理、承办事项与后台操作流程。随后,巴德里来到位于4楼的市不动产登记和交易中心,对与群众利益息息相关的住房公积金、二手房买卖等情况深入了解、做笔记,并对"半小时内办结"的高效服务竖起大拇指。巴德里大使还参观了党员政治生活馆、"打包办"服务专区与"榕e办"自助便民服务空间等。

图书在版编目（CIP）数据

"摆脱贫困与政党的责任"国际理论研讨会实录 / 宋涛主编.—北京：当代世界出版社，2021.11

ISBN 978-7-5090-1295-6

Ⅰ.①摆… Ⅱ.①宋… Ⅲ.①扶贫—关系—政党—国际会议—文集 Ⅳ.①F126-53②D05-53

中国版本图书馆CIP数据核字(2020)第222097号

书　　名："摆脱贫困与政党的责任"国际理论研讨会实录
出 品 人：丁　云
策划编辑：刘娟娟
责任编辑：魏银萍　姜松秀
封面设计：武晓强
版式设计：戴国印
出版发行：当代世界出版社
地　　址：北京市地安门东大街70-9号
邮　　编：10009
邮　　箱：ddsjchubanshe@163.com
编务电话：(010) 83907528
发行电话：(010) 83908410（传真）
　　　　　13601274970
　　　　　18611107149
　　　　　13521909533
经　　销：新华书店
印　　刷：北京中科印刷有限公司
开　　本：710毫米×1000毫米　1 / 16
印　　张：17.25
字　　数：199千字
版　　次：2021年11月第1版
印　　次：2021年11月第1次
书　　号：ISBN 978-7-5090-1295-6
定　　价：88.00元

如发现印装质量问题，请与承印厂联系调换。
版权所有，翻印必究；未经许可，不得转载！

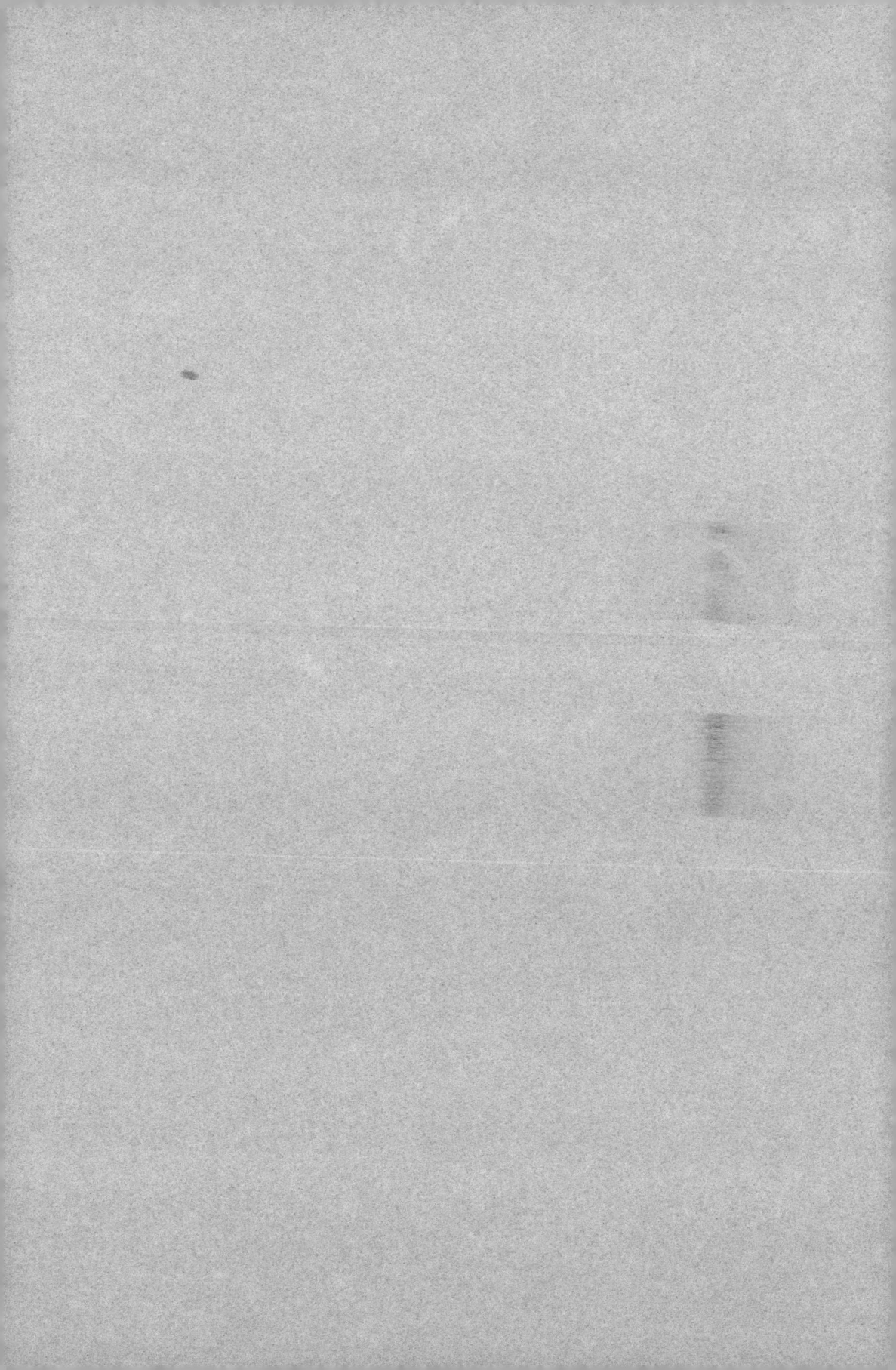